Scoprire i Giochi Gratuiti Online

Disponibile Qui:

BestActivityBooks.com/FREEGAMES

5 CONSIGLI PER INIZIARE

1) COME RISOLVERE LE PAROLE INTRECCIATTE

I puzzle hanno un formato classico:

- Le parole sono nascoste senza spazi o trattini,...
- Orientamento: Le parole possono essere scritte in avanti, indietro, verso l'alto, verso il basso o in diagonale (possono essere invertite).
- Le parole possono sovrapporsi o intersecarsi.

2) APPRENDIMENTO ATTIVO

Accanto ad ogni parola c'è uno spazio per scrivere la traduzione. Per incoraggiare l'apprendimento attivo, un **DIZIONARIO** alla fine di questa edizione vi permetterà di controllare e ampliare le vostre conoscenze. Cerca e scrivi le traduzioni, trovale nel puzzle e aggiungile al tuo vocabolario!

3) SEGNARE LE PAROLE

Puoi inventare il tuo sistema di segni. Forse ne usi già uno? Per esempio, puoi segnare le parole difficili da trovare con una croce, le parole preferite con una stella, le parole nuove con un triangolo, le parole rare con un diamante, e così via.

4) STRUTTURARE L'APPRENDIMENTO

Questa edizione offre un **TACCUINO** alla fine del libro. In vacanza, in viaggio o a casa, puoi organizzare facilmente le tue nuove conoscenze senza bisogno di un secondo quaderno!

5) AVETE FINITO TUTTE LE GRIGLIE?

Nelle ultime pagine di questo libro, nella sezione della **SFIDA FINALE**, troverete un gioco gratuito!

Facile e veloce! Dai un'occhiata alla nostra collezione di libri di attività per il tuo prossimo momento di divertimento e **apprendimento,** a portata di clic!

Trova la tua prossima sfida su:

BestActivityBooks.com/MioProssimoLibro

Ai vostri posti, pronti...Via!

Sapevi che ci sono circa 7.000 lingue diverse nel mondo? Le parole sono preziose.

Amiamo le lingue e abbiamo lavorato duramente per creare libri di altissima qualità. I nostri ingredienti?

Una selezione di argomenti adatti all'apprendimento, tre buone porzioni di intrattenimento, una cucchiaiata di parole difficili e una spolverata di parole rare. Li serviamo con amore e entusiasmo in modo che tu possa risolvere i migliori giochi di parole e divertirti imparando!

La vostra opinione è essenziale. Puoi partecipare attivamente al successo di questo libro lasciandoci un commento. Ci piacerebbe sapere cosa ti è piaciuto di più di questa edizione.

Ecco un link veloce alla pagina dell'ordine:

BestBooksActivity.com/Recensione50

Grazie per il vostro aiuto e buon divertimento!

Tutta la squadra

1 - Scacchi

그	춤	캠	게	휴	임	킹	편	가	낚	뽐	희	즐	진
퍼	봉	편	공	독	서	스	하	얀	다	기	생	도	물
마	블	랙	게	핑	진	투	진	낚	수	킹	심	공	예
가	휴	영	활	진	캠	낚	기	서	이	게	진	구	구
킹	투	리	심	관	그	림	농	핑	진	독	법	춤	서
챔	여	한	퀸	시	게	임	토	너	먼	트	야	다	수
심	피	게	법	즐	각	농	관	즐	춤	식	스	활	렵
낚	킹	언	기	낚	상	대	각	선	즐	뽐	기	재	권
휴	봉	왕	게	동	전	회	야	캠	여	편	수	즐	서
수	휴	권	봉	심	략	관	게	관	규	진	즐	임	재
휴	동	농	서	편	심	구	다	동	칙	플	스	하	게
관	기	태	심	수	퍼	캠	수	임	독	레	물	공	하
진	게	마	임	재	가	이	동	예	독	이	투	핑	도
이	킹	여	퍼	림	물	이	츠	물	그	어	진	낚	전

상대	블랙
하얀	수동태
챔피언	규칙
대회	희생
대각선	도전
플레이어	전략
게임	시각
영리한	토너먼트

2 - Aggettivi #2

게	휴	시	야	공	렵	봉	관	그	이	휴	봉	원	춤
재	도	설	명	재	식	흥	미	로	운	새	핑	다	휴
스	춤	원	야	우	다	다	킹	렵	즐	로	츠	게	포
서	정	포	심	아	투	법	농	강	서	운	권	사	즐
킹	공	상	캠	한	게	달	콤	한	서	여	마	춤	게
원	식	기	관	진	농	활	공	렵	가	동	츠	사	법
권	마	배	킹	사	공	하	스	수	캠	렵	춤	포	공
스	재	고	하	포	자	그	퍼	투	도	예	여	재
동	법	픈	봉	심	물	연	랑	관	봉	야	진	휴	즐
창	편	캠	심	츠	관	스	농	스	서	이	임	시	재
낚	조	극	건	강	한	러	렵	도	러	뿜	유	사	수
생	산	적	인	마	정	운	서	그	츠	운	명	책	스
기	도	인	휴	른	통	동	권	진	순	수	한	이	임
투	짠	수	권	법	서	도	포	재	물	퍼	이	캠	관

배고픈 흥미로운
마른 자연스러운
정통 정상
창조적 새로운
설명 자랑스러운
달콤한 생산적인
극적인 순수한
우아한 책임
유명한 건강한
강한

3 - Mobili

이	매	서	사	법	원	게	즐	낚	쿠	션	책	스	이
의	봉	트	츠	심	스	서	기	게	거	스	수	장	불
자	가	마	리	퍼	독	관	술	킹	울	렵	안	식	동
원	캠	서	물	스	가	렵	마	투	기	술	락	활	임
커	공	동	벤	렵	킹	쁨	선	반	구	술	의	기	관
튼	임	공	권	치	그	봉	그	림	관	재	자	임	깔
야	편	퍼	농	식	도	편	야	가	임	쁨	진	베	개
임	킹	원	심	쁨	소	파	렵	핑	권	심	서	공	퍼
동	구	식	구	퍼	봉	농	술	스	관	공	봉	물	예
진	게	임	활	공	사	독	기	구	기	이	편	야	게
킹	포	포	낚	이	활	야	츠	킹	마	임	즐	킹	캠
식	츠	시	물	농	법	식	포	해	독	관	진	책	상
침	대	서	권	심	활	춤	술	먹	원	구	독	램	프
이	투	법	투	마	물	게	서	구	독	재	물	도	퍼

해먹
쿠션
베개
소파
이불
램프
침대
책장
매트리스

벤치
안락의자
선반
책상
의자
거울
깔개
커튼

4 - Pesca

독	권	퍼	독	지	다	도	활	식	다	원	동	렵	하
기	마	과	츠	렵	느	렵	여	농	물	재	식	게	미
도	예	장	비	권	봉	러	바	구	니	투	사	사	끼
편	그	렵	투	퍼	재	임	미	턱	퍼	동	법	관	림
가	배	림	야	렵	투	스	권	여	츠	여	법	도	농
인	낚	여	술	야	호	공	게	봉	진	스	진	봉	구
퍼	내	계	절	포	수	해	변	물	핑	예	즐	편	사
핑	임	철	이	기	게	식	투	투	동	농	그	투	동
원	캠	사	마	수	술	식	야	수	림	투	뿜	투	도
편	킹	다	츠	렵	시	동	공	활	즐	츠	스	사	예
무	낚	원	재	뿜	이	기	식	대	뿜	훅	기	수	휴
게	마	구	그	핑	마	원	뿜	퍼	양	아	가	미	공
렵	퍼	투	춤	진	관	농	구	원	렵	기	마	게	퍼
서	도	재	수	렵	수	강	킹	식	즐	뿜	공	포	이

장비   대양
아가미   인내
바구니   무게
과장   지느러미
미끼   해변
철사   계절
호수

5 - Aggettivi #1

거 긴 완 기 법 정 캠 구 물 술 편 편 낚 시
대 창 벽 그 기 직 식 킹 예 귀 중 한 포 포
한 법 한 마 투 한 물 시 술 공 이 술 수 츠
여 춤 킹 츠 진 구 퍼 순 적 물 기 술 마 법
휴 투 킹 림 가 편 뿜 수 그 림 농 춤 낚 독
식 휴 활 이 가 원 물 한 진 림 춤 하 공 이
술 기 느 권 수 퍼 원 수 다 식 얇 은 활 무
공 어 린 기 뿜 포 원 현 식 킹 법 활 봉 거
춤 봉 낚 퍼 춤 공 렵 대 권 활 낚 운
동 편 시 방 스 활 진 원 원 야 동 스 독 활
관 대 한 향 츠 퍼 포 심 적 봉 하 기
하 동 활 족 공 재 이 국 적 인 여 중 요
이 일 낚 법 야 하 캠 진 게 예 시 물 동 권
낚 캠 하 예 이 물 큰 봉 사 봉 가 이 투 진

거창한   동일
방향족   중요
예술적   느린
순수한   현대
활동적인   정직한
거대한   완벽한
이국적인   무거운
관대 한   귀중한
어린   얇은

6 - Geologia

공	예	휴	뽐	서	칼	마	동	수	화	석	캠	핑	술
퍼	봉	원	봉	포	킹	숨	원	춤	산	사	가	봉	이
크	법	렵	독	층	이	동	츠	술	낚	수	가	그	관
활	리	지	진	동	이	서	하	낚	야	물	식	마	봉
석	영	스	다	관	서	석	공	다	임	돌	여	퍼	수
스	간	게	탈	종	유	수	킹	동	게	활	여	물	야
하	시	헐	원	탄	산	수	대	륙	츠	재	봉	활	법
츠	임	술	천	렵	마	활	그	독	구	킹	츠	여	시
예	동	야	캠	시	고	스	다	독	핑	낚	사	활	야
임	술	휴	마	농	원	시	예	여	렵	산	호	원	핑
투	킹	게	휴	석	순	킹	이	즐	술	투	독	낚	낚
용	암	소	렵	스	술	다	부	식	동	봉	봉	캠	시
렵	기	금	식	농	투	사	심	퍼	렵	독	휴	식	스
핑	야	기	임	사	식	여	봉	동	낚	동	굴	핑	물

고원
칼슘
동굴
대륙
산호
크리스탈
부식
화석
간헐천

용암
탄산수
석영
소금
석순
종유석
지진
화산

7 - Campeggio

기	기	핑	호	이	가	낚	독	독	재	편	모	험	공
동	공	봉	수	수	법	춤	포	심	미	법	자	심	낚
지	나	핑	진	렵	사	핑	임	휴	가	편	원	연	임
도	물	무	이	캠	가	임	권	술	해	수	투	마	임
이	마	마	퍼	구	물	게	즐	게	먹	여	킹	그	기
림	동	임	활	캠	서	퍼	나	이	물	게	즐	서	도
수	킹	시	원	캠	그	츠	침	농	식	도	심	달	게
캐	킹	킹	동	이	휴	캠	반	휴	공	서	사	구	스
빈	서	술	물	하	원	스	권	포	불	킹	봉	권	서
예	구	가	권	사	식	퍼	독	재	농	킹	밧	기	도
곤	편	심	그	심	물	그	다	즐	사	카	누	줄	가
충	텐	트	여	뿜	재	이	동	다	농	재	도	물	스
시	심	원	도	렵	렵	핑	즐	예	하	편	다	법	기
숲	산	물	심	물	포	하	권	춤	즐	봉	동	킹	기

나무
해먹
동물
모험
나침반
캐빈
수렵
카누

모자
밧줄
재미
곤충
호수
지도
자연
텐트

8 - Arti Visive

숯	킹	관	공	서	공	분	필	술	예	진	이	렵	사
진	도	기	사	진	렵	춤	서	름	술	동	그	하	재
사	진	관	하	임	게	농	연	뿜	가	림	창	사	서
야	렵	기	이	임	진	낚	필	식	서	구	의	킹	서
휴	야	림	법	임	다	화	물	뿜	사	즐	성	바	다
마	심	독	츠	캠	공	가	농	건	축	학	재	니	가
캠	시	그	여	캠	권	캠	농	춤	츠	식	법	시	가
즐	포	가	즐	즐	다	농	펜	시	구	다	동	구	포
원	진	관	그	동	조	각	스	포	권	스	즐	림	수
예	여	하	권	법	마	그	텐	관	점	토	농	물	동
초	상	화	독	포	심	렵	실	물	농	포	이	공	시
걸	마	림	게	독	물	그	진	포	농	진	뿜	활	이
작	춤	진	게	서	다	퍼	사	편	예	물	봉	법	밀
서	투	시	림	구	도	그	그	관	스	법	하	그	랍

건축학   필름
점토   사진
예술가   분필
걸작   연필
화가   관점
밀랍   초상화
도기   조각
구성   스텐실
창의성   바니시

9 - Esplorazione

야	휴	낚	용	기	다	퍼	활	여	심	게	투	공	편
춤	야	캠	심	재	심	봉	구	동	이	게	하	원	춤
서	이	여	지	식	츠	여	임	물	렵	임	즐	퍼	츠
권	심	휴	형	츠	심	원	하	도	캠	우	농	농	휴
위	험	한	수	편	뻠	킹	시	진	야	주	기	마	동
하	야	생	심	다	술	수	가	구	도	농	게	관	법
포	다	핑	캠	구	피	로	투	활	춤	결	도	봉	관
서	새	로	운	편	편	봉	구	춤	기	정	재	캠	림
농	공	관	츠	식	구	식	시	투	활	독	관	봉	구
퍼	임	공	즐	농	문	술	렵	농	물	활	원	시	농
흥	분	언	어	퍼	다	화	농	이	편	위	수	춤	렵
포	즐	발	견	시	공	캠	원	투	공	봉	험	뻠	술
기	여	츠	춤	퍼	동	권	포	편	동	활	즐	렵	권
진	행	활	도	시	동	서	이	동	뻠	뻠	봉	그	

동물
활동
용기
문화
결정
흥분
피로
언어

새로운
위험
위험한
발견
야생
우주
지형
여행

10 - Tempo

퍼	법	독	투	투	진	원	술	동	여	월	시	봉	진
공	진	심	곧	물	농	도	하	야	여	공	간	캠	밤
캠	핑	일	이	투	공	서	하	권	봉	춤	농	심	츠
낚	렵	포	포	물	하	춤	즐	식	즐	즐	휴	심	림
서	편	전	게	오	예	봉	법	가	퍼	구	아	어	퍼
기	공	츠	에	늘	휴	마	다	편	시	게	침	법	제
이	진	임	사	편	게	다	렵	하	심	술	게	휴	낚
그	법	진	동	예	츠	심	마	물	시	임	수	사	심
시	재	후	원	가	그	츠	마	십	공	시	계	게	봉
퍼	술	그	춤	심	마	하	하	관	년	즐	게	다	심
심	세	핑	렵	공	식	춤	사	시	예	봉	진	춤	가
공	기	예	퍼	츠	야	사	킹	재	관	마	킹	원	예
농	예	봉	권	정	오	독	낚	미	래	시	심	포	달
사	게	서	마	다	춤	주	술	림	재	분	연	간	력

연간
달력
십년
미래
어제
아침

정오
오늘
시간
시계
전에
세기

11 - Autunno

구	츠	즐	과	임	림	뽐	독	하	마	하	동	투	다
동	시	가	농	수	퍼	원	뽐	여	진	림	게	수	시
캠	예	서	낙	엽	원	물	술	사	야	봉	활	편	여
관	구	사	과	춤	포	예	법	포	수	즐	이	주	활
관	편	활	독	권	마	투	권	킹	가	활	심	식	술
진	법	핑	뽐	술	핑	시	동	날	휴	림	퍼	예	예
재	관	도	핑	독	츠	축	밤	씨	기	시	즐	물	서
서	퍼	토	야	농	포	즐	제	개	월	공	투	의	법
법	서	리	불	하	림	물	게	독	기	계	절	진	류
봉	렵	퍼	다	춤	시	자	연	사	낚	진	원	기	기
이	시	농	구	봉	수	춘	투	서	춤	수	렵	캠	캠
예	원	림	법	재	기	분	기	마	춤	활	관	킹	활
서	진	가	여	휴	하	후	물	법	렵	낚	수	진	관
식	예	임	다	여	가	활	캠	권	동	농	포	뽐	재

의류   도토리
기후   사과
낙엽   개월
춘분   날씨
축제   이주
과수원   자연
서리   계절

12 - Astronomia

소	행	성	활	술	스	심	우	주	유	지	은	하	성
그	성	낚	사	게	다	림	주	기	성	구	기	다	운
망	원	경	핑	즐	휴	봉	비	동	기	법	킹	전	로
법	핑	시	법	캠	그	봉	행	술	캠	림	시	망	켓
다	재	진	뺌	중	력	춘	사	방	즐	렵	사	대	예
휴	예	편	법	천	심	분	재	사	휴	림	포	이	포
사	스	핑	마	문	여	법	기	포	마	술	술	술	권
다	편	뺌	게	학	가	동	캠	여	술	낚	렵	시	예
그	봉	휴	휴	자	투	권	수	코	시	춤	마	구	하
초	신	성	공	예	핑	가	구	스	가	마	재	가	법
권	춤	그	도	스	별	하	늘	모	임	심	수	이	도
킹	렵	다	봉	예	게	자	뺌	스	이	휴	봉	동	달
서	농	관	구	다	투	독	리	활	즐	기	동	원	
포	진	휴	야	공	도	봉	심	동	술	권	식	공	원

소행성	성운
우주 비행사	전망대
천문학자	행성
하늘	방사
코스모스	로켓
별자리	초신성
춘분	망원경
은하	지구
중력	우주
유성	

13 - Circo

게	기	봉	여	구	마	킹	렵	캠	그	쁨	코	원	하
퍼	다	여	동	낚	림	도	봉	예	여	마	끼	숭	농
그	이	물	봉	도	식	심	편	스	공	활	리	이	츠
예	낚	기	이	공	공	봉	편	법	춤	가	퍼	기	식
농	하	공	춤	구	휴	호	랑	이	예	야	구	기	핑
마	하	하	낚	임	편	법	투	술	농	다	권	재	즐
다	쁨	핑	사	사	재	재	시	킹	포	예	이	즐	임
하	휴	게	하	다	임	기	츠	표	법	하	킹	서	권
즐	동	스	구	음	농	수	수	물	구	도	동	가	가
스	하	동	경	수	악	권	편	캠	농	휴	곡	이	독
포	독	물	꾼	서	권	림	핑	공	예	풍	선	예	봉
복	텐	마	예	즐	포	도	마	법	춤	여	구	재	사
장	트	술	사	투	임	수	시	서	서	식	낚	투	자
이	릭	사	구	탕	요	술	쟁	이	예	임	관	투	쁨

곡예사
동물
사탕
복장
코끼리
요술쟁이
사자
마법

마술사
음악
풍선
원숭이
구경꾼
텐트
호랑이
트릭

14 - Mitologia

법	문	포	번	이	창	다	전	마	활	봉	질	서	킹
퍼	화	식	개	편	사	조	설	영	웅	츠	투	퍼	활
마	기	식	가	다	술	낚	다	핑	서	심	뽐	다	츠
관	마	예	게	농	기	독	술	퍼	심	핑	림	사	수
이	법	하	권	물	츠	전	사	진	낚	림	기	임	편
시	의	법	구	퍼	이	구	재	술	농	휴	편	이	뽐
게	여	원	권	천	심	포	원	독	즐	진	하	불	츠
서	예	이	마	둥	캠	사	임	공	야	활	사	사	독
동	킹	휴	미	술	물	재	심	뽐	신	활	술	서	투
기	뽐	낚	궁	원	형	해	재	행	동	복	수	다	서
원	농	뽐	봉	림	재	마	예	공	하	념	수	시	춤
투	게	핑	법	괴	구	핑	예	기	물	그	권	관	츠
공	힘	심	생	물	킹	츠	사	임	독	춤	권	휴	여
캠	임	휴	권	예	렵	원	수	독	츠	기	법	야	예

원형
행동
생물
창조
신념
문화
재해
영웅
번개

질투
전사
불사
미궁
전설
마법의
괴물
천둥
복수

15 - Piante

춤	핑	기	법	사	편	꽃	잎	플	이	여	관	재	림
콩	게	하	법	핑	즐	캠	낚	로	이	시	편	식	물
낚	시	동	물	활	휴	서	임	라	아	공	림	편	가
시	임	수	다	여	낚	마	술	수	핑	이	다	그	권
동	림	구	수	초	목	캠	잎	춤	다	끼	비	심	기
물	렵	관	투	하	서	뽐	림	물	기	부	료	포	캠
츠	물	서	시	봉	동	식	구	춤	예	예	시	시	가
가	다	시	봉	야	도	물	편	편	도	림	재	투	술
마	야	재	투	나	무	학	식	기	렵	즐	구	춤	예
시	춤	임	공	도	임	마	렵	낚	야	여	성	선	이
법	스	즐	렵	게	대	나	무	사	권	킹	장	인	퍼
베	리	휴	림	이	공	예	시	꽃	렵	여	하	장	스
뿌	리	재	진	스	핑	기	서	포	킹	렵	다	잔	츠
캠	편	봉	독	숲	동	진	원	정	원	춤	핑	디	이

나무	잔디
베리	비료
대나무	플로라
식물학	정원
선인장	이끼
부시	꽃잎
성장하다	뿌리
아이비	초목

16 - Spezie

```
공 동 그 술 예 고 사 프 란 킹 춤 심 사 림
킹 마 그 다 재 마 수 츠 마 카 휴 농 춤 재
후 추 카 레 캠 츠 술 풀 물 르 핑 감 초 게
소 금 츠 농 권 진 투 농 하 다 도 스 권 심
관 원 재 여 가 뿜 재 사 사 몸 핑 활 봉 낚
육 두 구 투 농 공 렵 투 퍼 다 뿜 임 농 마
가 기 서 법 기 서 즐 퍼 계 농 예 관 즐 관
킹 림 임 봉 캠 커 회 향 피 바 닐 라 퍼 공
츠 예 식 술 캠 민 마 쓴 봉 구 공 낚 권 휴
춤 킹 하 투 심 츠 농 늘 원 재 즐 심 수 야
캠 진 임 아 황 식 동 달 사 물 파 프 리 카
시 술 그 니 재 뿜 관 콤 츠 예 가 양 스 봉
그 마 투 스 관 게 관 한 도 생 렵 즐 파 이
림 하 다 휴 법 임 서 동 봉 강 동 야 서 서
```

마늘   회향
아니스   감초
계피   육두구
카르다몸   파프리카
양파   후추
고수풀   소금
커민   바닐라
심황   사프란
카레   생강
달콤한

17 - Numeri

열	일	곱	시	법	관	임	공	휴	이	기	식	스	틴
다	춤	낚	림	독	권	춤	농	츠	삼	하	츠	물	즐
섯	가	낚	법	봉	활	수	열	셋	수	포	하	야	야
이	야	포	재	다	마	임	아	야	도	십	진	수	투
동	이	츠	임	서	수	공	홉	사	예	팔	서	뿜	봉
권	물	게	심	뿜	독	일	렵	야	봉	가	사	서	포
아	홉	이	독	농	권	곱	기	즐	투	낚	구	뿜	시
킹	이	핑	즐	게	구	낚	낚	임	십	가	농	사	진
술	포	법	그	시	낚	그	다	츠	사	공	심	물	기
게	영	여	여	동	퍼	기	섯	캠	십	봉	활	도	관
뿜	퍼	즐	구	킹	원	마	관	렵	킹	수	렵	재	낚
두	편	투	서	예	킹	낚	구	술	캠	활	물	즐	춤
림	포	야	진	진	마	가	츠	여	열	츠	마	하	임
기	기	동	예	수	츠	예	즐	덟	섯	두	포	임	퍼

다섯
십진수
열아홉
열일곱
십팔
열두
아홉
여덟

십사
열 다섯
식스틴
여섯
일곱
열셋
스물

18 - Cioccolato

물	그	이	렵	좋	농	쓴	시	원	낚	품	법	구	림
스	하	국	다	아	캐	러	멜	맛	농	질	갈	퍼	수
물	공	적	다	하	즐	야	낚	즐	있	핑	망	사	식
농	핑	인	낚	는	투	캠	킹	휴	구	는	수	시	사
물	다	수	하	봉	진	가	림	핑	권	서	기	편	춤
코	심	술	포	독	하	포	이	법	편	법	예	관	농
코	항	산	화	제	법	마	성	분	법	도	달	진	여
넛	구	활	공	퍼	사	도	설	탕	봉	땅	콤	콤	게
가	수	칼	로	리	봉	시	진	서	뿜	뿜	즐	야	한
게	핑	수	공	농	림	다	편	물	뿜	투	카	핑	그
츠	공	춤	마	가	루	춤	춤	권	편	술	즐	카	뿜
재	시	술	공	퍼	기	공	하	봉	편	기	츠	법	오
춤	재	핑	림	퍼	하	뿜	츠	임	장	인	편	사	재
캠	하	게	뿜	심	휴	여	농	레	시	피	탕	심	즐

항산화제
땅콩
장인
갈망
카카오
칼로리
사탕
캐러멜
맛있는

달콤한
이국적인
성분
코코넛
가루
좋아하는
품질
레시피
설탕

19 - Guida

여	도	속	도	사	가	독	독	낚	핑	심	법	버	법
가	임	그	권	고	물	주	물	투	편	렵	가	스	다
스	편	핑	포	포	서	구	의	기	교	봉	낚	진	다
츠	보	행	자	그	도	렵	임	독	통	야	야	임	그
가	킹	물	원	마	브	핑	마	농	여	서	봉	캠	그
경	찰	캠	동	뿜	포	레	다	여	림	관	권	가
관	활	츠	예	오	토	바	이	게	원	법	물	터	휴
하	연	료	안	농	휴	차	사	술	게	포	널	공
츠	즐	포	전	시	스	활	크	캠	수	진	포	구	도
뿜	봉	투	공	렵	권	야	게	사	독	게	게	로
렵	이	하	예	하	임	지	도	원	식	사	킹	위	험
즐	퍼	예	킹	법	활	봉	재	기	심	기	봉	농	킹
재	심	여	서	독	기	독	모	터	춤	여	뿜	스	법
서	농	차	캠	렵	술	특	허	춤	임	마	이	물	원

주의
버스
연료
브레이크
차고
가스
사고
특허
지도
오토바이

모터
보행자
위험
경찰
안전
도로
교통
터널
속도

20 - Sport

핑	야	낚	하	하	관	진	캠	야	퍼	구	원	물	술
활	동	구	체	조	서	술	구	캠	법	진	식	활	테
자	전	거	육	챔	피	언	십	플	레	이	어	팀	니
편	야	공	관	편	렵	임	코	독	법	휴	캠	편	스
구	사	핑	농	이	재	여	심	치	하	키	퍼	식	술
퍼	림	하	편	식	봉	경	관	포	핑	권	킹	춤	스
심	임	낚	즐	퍼	투	심	기	골	프	가	사	시	도
기	쁨	즐	기	원	캠	시	도	장	원	스	선	수	게
우	승	자	림	춤	구	여	야	춤	구	다	가	술	원
임	그	캠	기	식	농	서	즐	관	공	하	관	시	봉
예	공	휴	운	술	구	동	휴	게	구	활	낚	퍼	활
재	시	핑	동	게	임	임	진	사	독	가	관	편	공
림	술	하	물	사	츠	즐	농	시	투	도	관	식	사
킹	권	서	사	수	게	심	심	판	심	기	다	그	기

코치   게임
심판   골프
선수   하키
야구   운동
농구   체육관
자전거   경기장
챔피언십 테니스
체조   우승자
플레이어

21 - Giocattoli

춤	렵	식	하	마	핑	수	야	츠	마	낚	물	좋	마
캠	임	비	행	기	야	술	서	임	낚	핑	렵	아	차
활	시	재	진	차	농	진	게	렵	원	술	스	하	공
낚	편	법	원	춤	관	사	활	다	상	상	력	는	그
도	원	독	공	예	진	트	하	동	캠	로	봇	드	럼
식	게	활	원	봉	렵	림	력	가	농	공	휴	퍼	법
하	그	기	관	츠	봉	인	렵	렵	림	츠	휴	핑	렵
물	도	법	츠	렵	킹	시	형	이	여	사	봉	야	관
핑	권	식	임	임	뿜	수	물	하	그	기	렵	독	여
퍼	즐	시	수	하	낚	물	책	야	여	권	캠	퍼	즐
재	편	가	임	재	공	스	여	마	서	심	진	렵	자
기	도	서	야	시	그	구	법	기	포	마	술	이	전
게	도	그	독	구	시	여	봉	시	물	연	게	체	거
임	스	점	토	임	가	배	사	재	츠	게	서	스	하

비행기   게임
점토   상상력
공예   좋아하는
인형   퍼즐
드럼   로봇
자전거   체스
트럭   기차

22 - Uccelli

원	플	도	편	진	식	킹	도	캠	헤	법	투	동	휴
임	라	즐	거	포	포	물	그	휴	기	론	공	독	임
퍼	밍	그	위	투	술	퍼	뻐	캠	시	마	작	그	활
백	고	스	가	수	농	농	원	꾸	농	활	렵	진	활
타	조	수	부	구	봉	농	비	둘	기	독	심	가	퍼
농	수	포	리	편	활	편	야	기	낚	뿜	캠	츠	동
계	사	활	새	농	서	렵	황	농	농	시	술	서	하
란	독	수	리	예	게	참	새	수	기	춤	퍼	권	퍼
즐	닭	스	기	매	즐	갈	매	기	다	핑	수	가	펠
캠	술	식	펭	관	킹	서	다	농	야	야	시	관	리
오	물	림	권	여	킹	진	진	수	재	예	원	가	컨
리	가	즐	심	낚	시	재	수	권	퍼	동	편	츠	진
포	렵	투	심	임	심	휴	원	여	진	게	예	관	킹
예	사	서	법	심	봉	공	하	즐	농	앵	무	새	그

헤론	앵무새
오리	참새
독수리	공작
황새	펠리컨
백조	비둘기
뻐꾸기	펭귄
플라밍고	타조
갈매기	부리새
거위	계란

23 - Giorni e Mesi

농	렵	야	십	일	월	낚	포	츠	캠	임	마	렵	식
야	예	법	활	핑	수	년	식	식	수	활	즐	포	원
달	력	술	구	수	핑	게	휴	동	구	뽐	수	휴	토
그	임	즐	월	월	편	도	동	활	도	수	동	법	요
원	가	킹	기	사	구	휴	투	관	관	임	마	뽐	일
그	법	재	포	여	가	편	공	림	렵	다	재	심	요
구	퍼	휴	킹	농	관	봉	독	팔	렵	스	휴	진	임
수	공	춤	퍼	목	권	심	킹	월	독	동	츠	림	다
낚	기	스	수	요	일	진	사	즐	춤	수	포	동	일
도	임	캠	물	일	츠	즐	권	시	즐	행	금	요	투
화	요	일	동	하	공	관	하	여	술	칠	진	주	이
퍼	핑	관	캠	도	마	춤	킹	십	월	월	법	임	핑
퍼	즐	편	서	킹	공	핑	물	야	요	농	물	동	퍼
퍼	츠	시	구	가	여	킹	권	도	일	낚	뽐	재	퍼

팔월　　　　　　　행진
달력　　　　　　　수요일
일요일　　　　　　십일월
목요일　　　　　　십월
칠월　　　　　　　토요일
월요일　　　　　　구월
화요일　　　　　　금요일

24 - Casa

도	샤	구	사	예	원	법	램	휴	그	도	다	킹	캠
즐	진	워	투	독	동	마	프	퍼	핑	즐	공	야	독
관	봉	퍼	재	권	즐	뿜	캠	공	활	춤	지	렵	구
춤	투	원	벽	핑	수	기	가	동	스	부	붕	예	사
야	춤	사	기	깔	도	서	관	거	바	엌	시	낚	도
가	투	비	활	개	꼭	즐	서	울	닥	물	포	투	술
심	렵	원	구	퍼	지	차	물	타	술	재	야	법	사
활	애	핑	뿜	포	야	하	고	리	심	재	기	법	캠
물	츠	틱	캠	법	낚	수	임	사	마	심	예	동	도
즐	림	문	시	서	물	법	기	휴	퍼	식	도	사	수
낚	봉	물	난	로	핑	핑	수	핑	수	구	심	츠	춤
이	하	림	가	활	활	야	동	그	낚	방	킹	창	도
뿜	수	천	도	정	구	킹	재	예	권	예	포	낚	사
권	물	장	킹	원	식	권	휴	재	시	수	림	낚	하

애틱
도서관
난로
부엌
샤워
차고
정원
램프

바닥
울타리
수도꼭지
천장
거울
깔개
지붕

25 - Ristorante #1

예	공	투	재	심	캠	즐	다	술	츠	임	야	핑	권
춤	약	칼	즐	물	동	임	다	여	핑	구	술	이	예
물	법	법	고	권	이	낚	게	춤	웨	임	독	마	관
알	레	르	기	다	술	시	사	원	이	원	예	핑	관
이	시	가	기	여	예	하	디	저	트	킹	낚	임	관
마	하	진	낚	물	퍼	진	캠	퍼	리	구	서	편	낚
도	캠	기	재	캠	스	퍼	메	소	스	마	음	임	커
서	낚	수	캠	킹	스	캠	권	뉴	포	캠	식	가	피
춤	포	독	활	동	투	림	뿜	캠	재	료	심	여	림
식	킹	법	사	가	여	원	렵	그	츠	이	그	부	편
스	심	렵	냅	식	다	독	핑	즐	권	동	원	억	수
술	휴	도	킨	원	활	물	스	하	진	림	휴	재	사
림	가	진	독	권	닭	이	림	춤	그	진	게	매	진
게	야	캠	퍼	빵	심	야	스	하	릇	이	도	야	운

알레르기   디저트
커피   재료
웨이트리스   메뉴
고기   매운
음식   예약
그릇   소스
부엌   냅킨

26 - Fantascienza

진	사	농	로	다	기	세	계	법	뽐	심	식	독	낚
야	하	디	봇	권	재	즐	예	동	활	심	심	재	림
렵	사	게	스	유	림	낚	그	야	임	진	물	심	진
행	성	게	여	토	그	시	식	편	퍼	서	가	킹	낚
낚	뽐	킹	투	피	피	서	뽐	춤	츠	동	책	불	봉
스	영	진	림	아	편	아	권	여	스	츠	가	림	물
츠	화	관	림	게	그	포	임	투	독	캠	핑	캠	원
동	농	츠	진	낚	림	편	진	관	재	심	야	투	식
봉	투	기	술	포	포	활	서	서	킹	하	휴	휴	시
봉	구	구	킹	휴	식	폭	오	라	클	론	그	수	원
심	동	대	본	미	진	발	신	비	한	환	원	독	자
구	춤	포	마	진	래	시	수	림	핑	사	상	활	츠
시	핑	킹	법	서	뽐	예	스	은	하	환	상	적	인
투	휴	법	즐	캠	동	술	수	뽐	관	재	의	관	진

원자   상상의
영화   신비한
클론   세계
디스토피아   오라클
폭발   행성
환상적인   로봇
미래   대본
은하   기술
환상   유토피아

27 - Città

```
독 독 약 국 이 수 캠 투 슈 야 핑 대 술 수
독 봉 편 법 킹 관 권 투 스 퍼 구 학 서 심
하 권 임 게 농 캠 도 재 기 임 마 봉 사 가
림 하 가 도 물 재 진 가 시 편 서 켓 그 물
경 기 장 서 임 빵 료 킹 플 로 리 스 트 즐
스 야 뿜 관 점 집 소 기 공 항 재 박 호 마
영 화 킹 편 수 예 스 동 포 은 행 물 텔 투
봉 독 가 활 동 동 서 예 물 법 동 관 사 그
권 법 가 심 식 다 기 렵 하 구 투 진 활 야
낚 공 게 농 심 술 동 식 뿜 게 기 동 핑 편
극 시 게 하 권 서 물 학 교 편 예 술 관 투
관 장 구 권 렵 포 원 심 가 독 구 서 야 다
공 츠 진 낚 핑 구 하 휴 수 수 가 킹 수 재
관 사 법 가 갤 러 리 포 다 뿜 농 봉 임 다
```

공항	시장
은행	박물관
도서관	가게
영화	빵집
진료소	학교
약국	경기장
플로리스트	슈퍼마켓
갤러리	극장
호텔	대학
서점	동물원

28 - Compleanno

봉	법	봉	야	가	휴	권	선	물	춤	투	마	년	케
하	퍼	달	술	시	공	야	물	쁨	특	별	한	일	이
물	도	력	사	마	가	춤	동	태	진	다	진	지	크
카	드	진	권	노	래	물	물	어	린	림	쁨	혜	하
야	활	심	낚	봉	임	재	권	난	축	퍼	츠	편	즐
권	물	서	재	식	추	재	휴	시	하	예	구	그	거
이	동	퍼	포	야	행	억	미	각	친	식	렵	가	운
활	캠	봉	예	투	복	농	임	초	구	야	캠	낚	쁨	독
츠	기	림	스	하	한	술	기	대	법	츠	봉	농	술
렵	퍼	활	투	츠	렵	그	하	장	캠	야	임	서	게
핑	수	다	법	가	구	독	양	원	물	동	동	권	관
심	원	하	임	가	휴	스	수	초	물	편	권	관	야
그	마	임	술	다	사	기	게	게	하	기	활	관	도
여	여	구	기	다	원	쁨	권	이	다	봉	사	여	

친구
달력
양초
노래
카드
축하
재미
행복한
즐거운

어린
초대장
태어난
선물
추억
지혜
특별한
시각
케이크

29 - Fattoria #1

이	관	동	스	들	림	서	림	심	농	원	독	투	뽐
서	게	원	휴	게	즐	서	말	독	건	렵	림	즐	투
진	원	게	활	편	게	무	캠	이	초	투	예	예	퍼
마	봉	투	렵	울	타	리	심	야	렵	츠	술	예	활
술	가	당	나	귀	심	춤	농	관	공	권	재	렵	꿀
츠	다	가	렵	관	마	캠	뽐	즐	퍼	기	예	진	원
심	서	관	수	물	임	스	관	여	씨	임	술	마	캠
핑	공	구	포	춤	킹	벌	킹	뽐	앗	여	다	활
심	쌀	닭	고	양	이	이	개	게	농	농	업	편	심
마	구	춤	휴	게	다	재	가	그	법	마	마	비	료
원	휴	츠	여	투	마	식	스	여	재	하	술	돼	그
원	관	수	핑	농	술	편	물	캠	포	송	아	지	예
진	야	수	농	농	캠	뽐	식	식	염	소	공	수	임
원	공	농	수	독	낚	술	구	서	기	그	시	권	기

농업   무리
당나귀   돼지
염소   울타리
비료   씨앗
건초   송아지
고양이

30 - Paesaggi

렵	기	림	간	동	농	춤	권	임	술	이	봉	독	스
골	짜	기	헐	휴	그	서	가	이	마	봉	이	식	바
투	식	포	천	공	사	뻠	투	물	동	활	예	재	다
포	기	츠	뻠	마	투	식	술	츠	해	굴	뻠	관	포
그	심	독	언	게	다	킹	임	도	변	퍼	재	진	퍼
봉	낚	재	덕	빙	강	호	수	사	막	섬	휴	킹	원
낚	하	즐	구	산	하	다	공	화	즐	도	폭	포	동
다	수	휴	시	편	공	진	구	산	킹	휴	즐	편	토
다	공	식	동	공	캠	캠	시	스	렵	낚	동	킹	대
술	반	도	여	도	낚	기	사	진	법	구	수	구	렵
여	관	물	도	야	포	캠	오	캠	츠	하	동	마	뻠
식	권	핑	마	원	뻠	춤	아	독	츠	봉	뻠	가	휴
퍼	렵	예	구	도	재	츠	시	즐	뻠	퍼	진	도	권
늪	가	공	다	편	렵	편	스	진	마	포	물	대	양

폭포   바다
언덕   오아시스
사막   대양
간헐천   반도
빙하   해변
동굴   동토대
빙산   골짜기
호수   화산

31 - Ristorante #2

술	술	활	술	농	활	스	동	춤	농	봉	수	낚	춤
캠	서	이	물	포	낚	서	저	녁	식	사	퍼	법	다
휴	점	심	고	즐	전	원	수	야	의	향	원	사	식
다	시	춤	기	물	채	물	사	프	예	자	신	포	크
춤	여	야	도	투	소	야	서	재	기	법	활	료	진
얼	동	림	시	독	다	가	렵	핑	기	원	농	즐	공
음	진	기	심	맛	있	는	농	기	낚	독	휴	농	진
봉	투	핑	케	이	크	휴	재	재	게	예	낚	임	이
게	스	림	이	게	소	뽐	예	수	가	야	그	시	권
심	하	렵	포	활	금	렵	이	과	포	도	다	심	샐
휴	구	휴	그	이	웨	이	터	일	편	춤	식	물	러
스	숟	관	재	봉	기	편	법	음	진	사	물	즐	드
하	가	식	예	관	법	물	렵	료	예	봉	농	물	공
포	락	시	그	이	구	림	캠	핑	휴	재	서	예	활

전채   샐러드
음료   수프
웨이터   물고기
저녁 식사 점심
숟가락   소금
맛있는   의자
포크   향신료
과일   케이크
얼음   채소

32 - Giardino

나	뻠	갈	뻠	예	도	공	포	즐	킹	시	잔	디	수
무	연	못	퀴	관	활	서	킹	물	스	뻠	츠	봉	테
그	즐	그	낚	렵	동	마	다	법	구	림	물	낚	라
퍼	공	하	트	예	핑	마	즐	다	임	마	현	호	스
식	식	서	뻠	램	물	낚	림	심	즐	구	서	관	여
사	예	여	식	핑	폴	기	츠	춤	사	술	야	게	수
진	캠	정	렵	과	휴	린	춤	낚	토	양	스	수	시
식	심	원	기	수	관	핑	벤	봉	투	법	츠	법	물
게	서	잡	초	원	낚	부	치	기	킹	물	핑	공	핑
도	낚	야	초	수	바	시	포	공	임	기	그	서	구
공	임	수	도	춤	위	차	고	즐	림	캠	시	해	야
서	렵	식	예	삽	츠	야	서	물	독	예	즐	먹	하
도	술	마	예	캠	게	즐	휴	야	수	봉	그	핑	가
스	그	꽃	낚	식	마	도	울	타	리	츠	게	편	법

나무
해먹
부시
잔디
잡초
과수원
차고
정원
벤치

현관
갈퀴
울타리
바위
연못
토양
테라스
트램폴린
호스

33 - Frutta

하	다	독	키	위	캠	레	멜	복	기	쁨	권	이	렵
식	스	법	시	캠	킹	몬	론	숭	예	야	재	핑	이
봉	사	다	공	관	킹	킹	게	아	휴	진	파	원	즐
독	여	시	시	다	원	서	재	보	권	다	물	파	원
쁨	심	마	투	원	춤	춤	스	카	렵	마	퍼	포	야
활	림	즐	수	사	과	렵	포	도	서	그	휴	마	공
스	독	츠	공	예	쁨	핑	하	라	수	봉	권	휴	망
여	다	파	봉	렵	권	술	편	편	즈	렵	시	봉	고
오	수	인	낚	사	그	사	물	게	물	베	리	즐	서
렌	법	애	그	재	도	예	캠	마	휴	체	리	바	핑
지	낚	플	포	야	하	도	독	마	활	재	권	나	수
도	식	기	자	블	랙	베	리	배	구	그	권	나	즐
도	퍼	봉	공	두	관	하	동	권	편	동	원	스	그
농	퍼	살	구	이	동	권	편	구	천	도	복	숭	아

살구	망고
파인애플	사과
오렌지	멜론
아보카도	블랙베리
베리	천도 복숭아
바나나	파파야
체리	복숭아
키위	자두
라즈베리	포도
레몬	

34 - Fattoria #2

림	포	임	활	사	렵	포	식	마	낚	스	마	스	림
술	스	임	동	독	퍼	그	봉	킹	이	렵	스	농	권
목	권	핑	캠	투	낚	봉	구	과	수	원	옥	수	수
이	자	예	법	퍼	야	봉	렵	일	밀	물	구	사	이
시	기	다	오	헛	간	수	원	춤	뽐	스	구	식	그
목	권	퍼	리	림	사	야	양	봉	편	예	츠	수	활
초	퍼	수	동	물	서	독	고	관	봉	임	시	관	심
지	관	츠	캠	보	벌	집	기	거	농	트	랙	공	기
킹	개	권	기	스	리	구	수	위	부	렵	야	서	서
춤	포	도	여	그	그	활	봉	그	투	음	시	권	퍼
술	법	식	스	술	독	사	춤	도	우	식	술	농	예
권	시	술	라	게	법	다	예	법	진	유	림	포	하
렵	퍼	뽐	마	렵	진	수	도	물	렵	이	동	이	공
마	휴	낚	독	진	핑	원	춤	관	술	렵	사	술	활

양고기	관개
농부	라마
벌집	우유
오리	옥수수
동물	거위
음식	보리
헛간	목자
과일	목초지
과수원	트랙터

35 - Dinosauri

휴	잡	식	성	쁨	낚	쁨	가	가	관	이	먹	그	하
법	게	그	야	파	심	농	독	포	마	동	법	이	하
초	식	동	물	충	진	휴	사	야	퍼	사	술	쁨	수
그	권	스	관	류	심	농	퍼	춤	법	재	핑	농	술
술	거	대	한	매	머	드	관	구	마	여	식	편	퍼
도	쁨	캠	가	캠	편	임	술	스	권	퍼	지	구	구
크	농	투	원	서	법	다	다	동	즐	종	투	원	여
기	수	다	공	동	투	낚	권	포	꼬	게	퍼	여	킹
식	선	사	시	대	야	수	소	실	리	마	물	그	독
스	진	심	동	퍼	쁨	공	시	악	순	환	강	다	여
식	사	화	투	큰	공	사	림	낚	핑	이	한	시	기
퍼	다	석	봉	즐	하	마	농	권	쁨	쁨	가	림	춤
하	날	개	사	도	킹	킹	가	구	재	낚	가	도	봉
독	렵	구	게	독	하	게	원	구	캠	포	림	수	사

날개	강한
꼬리	먹이
거대한	선사 시대
초식 동물	파충류
진화	소실
화석	크기
매머드	지구
잡식성	악순환

36 - Verdure

오	야	낚	버	섯	샬	춤	낚	그	게	마	셀	샐	독
이	순	무	법	재	롯	무	토	춤	양	하	물	러	술
그	심	하	식	여	킹	휴	마	늘	파	슬	리	드	리
농	법	구	즐	권	관	스	토	포	관	구	스	가	기
림	권	완	두	콩	포	구	법	퍼	술	가	임	권	투
시	술	수	춤	시	낚	이	재	사	브	로	콜	리	가
수	투	뿜	원	여	금	진	스	퍼	포	낚	츠	킹	재
봉	캠	진	법	렵	원	치	아	티	초	크	재	독	하
즐	림	농	마	렵	캠	즐	즐	핑	예	사	당	다	킹
술	킹	술	물	농	스	생	농	기	핑	핑	근	퍼	사
봉	이	그	기	농	그	강	술	재	캠	감	이	핑	수
권	원	재	투	낚	도	휴	구	재	가	자	물	호	이
가	지	농	야	수	투	식	기	술	가	하	예	박	그
식	춤	핑	춤	림	재	게	원	킹	임	이	가	즐	캠

마늘
브로콜리
아티초크
당근
오이
양파
버섯
샐러드
가지
감자

완두콩
토마토
파슬리
순무
샬롯
셀러리
시금치
생강
호박

37 - Scuola #2

퀴	마	가	그	연	예	하	예	그	게	술	식	여	원
원	즈	투	츠	필	이	기	낚	동	기	문	캠	물	퍼
스	공	활	재	원	낚	즐	도	서	관	활	법	독	서
다	재	수	즐	임	관	야	시	야	즐	여	서	예	수
임	다	핑	핑	컴	퓨	터	심	식	서	도	다	공	핑
스	서	다	하	킹	킹	동	친	구	휴	여	여	구	이
기	농	서	다	춤	농	림	구	서	그	가	야	게	동
서	낚	재	농	이	종	야	봉	게	술	사	과	임	기
야	구	배	림	심	이	편	봉	사	렵	포	식	학	핑
교	육	낭	책	식	물	물	동	전	달	력	서	권	핑
그	렵	하	원	도	원	진	춤	원	다	버	여	진	학
쁨	독	퍼	게	킹	포	핑	진	법	춤	스	수	학	습
구	시	기	가	위	공	권	권	서	수	야	림	권	휴
쁨	하	춤	심	봉	퍼	다	원	낚	봉	야	하	문	학

친구
학습
버스
도서관
달력
종이
컴퓨터
사전
교육
가위

게임
문법
문학
독서
수학
연필
퀴즈
과학
배낭

38 - Barbecue

뺨	휴	다	춤	핑	물	야	여	후	사	점	낚	가	족
권	퍼	하	동	심	킹	수	휴	추	휴	심	여	퍼	스
음	봉	샐	서	식	술	심	관	캠	물	휴	법	림	야
포	식	러	칼	휴	게	그	그	양	파	서	저	시	춤
서	스	드	서	음	관	뺨	릴	봉	관	렵	녁	렵	캠
림	다	야	편	악	스	권	원	관	물	캠	식	소	법
사	투	편	사	예	심	낚	뺨	도	재	토	사	스	활
닭	게	임	림	수	농	다	핑	관	공	마	봉	동	동
독	심	시	그	퍼	여	동	봉	권	시	토	이	공	기
굶	주	림	수	츠	킹	여	법	편	시	독	원	여	하
그	편	림	가	스	야	야	임	뺨	활	가	즐	름	림
임	츠	편	구	공	소	포	춤	술	뜨	서	편	독	술
예	휴	사	진	심	포	금	수	여	거	초	공	기	공
과	일	예	투	시	구	핑	권	기	운	대	예	공	기

뜨거운	그릴
저녁 식사	샐러드
음식	초대
양파	음악
여름	후추
굶주림	토마토
가족	점심
과일	소금
게임	소스

39 - Riempire

다	퍼	편	마	킹	즐	렵	캠	그	권	야	퍼	기	재
이	캠	물	수	게	원	하	스	물	도	츠	재	진	식
포	수	법	게	하	시	수	즐	임	심	사	서	활	캠
춤	가	권	포	술	구	사	츠	시	핑	여	게	낚	춤
임	렵	뻠	마	예	진	시	임	사	즐	심	편	여	술
버	킷	스	캠	상	자	농	가	원	임	포	바	구	니
퍼	투	공	동	가	낚	퍼	관	다	공	켓	쟁	반	물
서	캠	활	시	여	방	야	휴	야	술	편	포	농	핑
원	물	시	꽃	병	물	봉	동	통	공	춤	투	투	권
여	하	게	기	수	편	게	시	도	권	판	권	렵	편
이	춤	농	킹	동	츠	봉	관	휴	분	지	야	야	진
다	봉	투	여	행	가	방	게	림	권	활	킹	휴	핑
튜	핑	독	시	패	킷	즐	공	그	폴	더	낚	서	랍
게	브	퍼	스	공	이	도	휴	낚	뻠	예	스	예	도

분지
가방
봉투
폴더
판지
서랍
바구니
패킷

상자
버킷
포켓
튜브
여행 가방
꽃병
쟁반

40 - Insetti

다	하	재	여	투	물	가	포	진	춤	시	재	재	임
물	다	봉	동	술	예	휴	사	동	유	춤	매	게	편
기	심	구	법	술	재	시	원	다	재	충	미	서	농
농	사	진	딧	물	퍼	공	관	즐	기	술	수	관	바
활	마	포	메	뚜	기	렵	벌	말	벌	딱	다	공	퀴
농	귀	진	서	진	임	기	레	하	그	봉	정	도	벌
농	캠	법	심	진	법	원	쁨	원	나	츠	도	벌	레
잠	자	리	농	다	관	독	사	그	비	츠	핑	무	레
술	나	법	그	그	가	츠	진	법	심	림	도	당	쁨
심	방	츠	캠	편	기	예	모	기	임	휴	스	벌	식
게	도	예	캠	다	술	렵	츠	스	도	사	여	레	시
그	심	마	캠	마	활	개	벼	활	포	도	낚	게	즐
핑	권	권	도	흰	개	미	이	룩	수	공	원	스	수
물	편	편	츠	투	시	법	서	활	원	농	퍼	가	캠

진딧물
메뚜기
매미
무당벌레
딱정벌레
나방
나비
개미
유충
잠자리
사마귀
벼룩
바퀴벌레
흰개미
벌레
말벌
모기

41 - Erboristeria

편 법 로 오 관 캠 도 임 마 조 람 야 춤 동
도 가 즈 레 술 게 식 술 공 퍼 관 성 심 공
녹 색 마 가 가 서 재 원 하 츠 심 분 백 파
타 물 리 노 즐 독 퍼 시 마 휴 식 뽐 리 슬
라 벤 더 포 하 농 스 다 기 편 림 회 향 리
곤 도 원 포 스 법 재 품 법 기 도 관 뽐 즐
휴 공 재 게 스 딜 사 바 질 편 물 수 사 이
정 원 예 물 활 투 프 하 사 편 그 공 포 이
임 춤 동 동 림 농 란 구 낚 캠 꽃 예 공 예
핑 야 서 가 독 활 림 낚 예 춤 봉 공 심 스
그 마 공 시 방 법 임 재 사 마 다 식 민 트
마 늘 시 하 마 향 그 춤 관 시 투 수 권 핑
법 구 서 그 림 퍼 족 시 핑 수 야 기 휴 관
심 캠 포 림 야 킹 퍼 심 휴 서 마 서 요 리

마늘	마조람
방향족	민트
바질	오레가노
요리	파슬리
타라곤	품질
회향	로즈마리
정원	백리향
성분	녹색
라벤더	사프란

42 - Danza

가	활	편	그	심	캠	낚	진	원	고	예	심	하	물
법	림	마	뽐	도	포	스	포	예	봉	전	통	적	몸
야	뽐	휴	물	휴	임	수	스	야	핑	독	권	게	시
리	도	이	공	리	듬	포	야	야	독	권	파	구	사
핑	허	투	재	사	농	휴	자	예	술	술	트	임	관
게	법	설	야	뽐	술	사	세	관	농	이	너	가	게
학	서	림	관	수	그	봉	독	시	다	권	게	도	권
원	서	렵	음	악	관	재	편	각	구	야	춤	여	가
림	활	뽐	게	기	법	편	법	투	편	문	감	물	나
독	퍼	마	진	여	츠	즐	공	동	술	화	하	정	타
낚	은	예	진	안	낚	거	킹	임	기	권	활	심	내
렵	혜	휴	원	무	다	운	동	관	즐	렵	낚	시	는
그	편	원	퍼	가	동	퍼	츠	시	투	캠	식	공	포
게	사	야	캠	캠	수	이	재	림	투	동	예	권	편

학원　　　　　　　은혜
예술　　　　　　　운동
고전　　　　　　　음악
파트너　　　　　　자세
안무　　　　　　　리허설
문화　　　　　　　리듬
감정　　　　　　　전통적
나타내는　　　　　시각
즐거운

43 - Commedia

편	술	나	도	원	이	춤	농	즉	재	그	츠	공	봉
시	스	타	여	술	시	게	킹	농	흥	동	여	서	공
마	물	내	술	여	봉	패	권	봉	핑	연	쁨	서	심
예	게	는	독	배	우	러	핑	휴	텔	물	주	쁨	재
식	독	극	독	우	즐	디	즐	봉	시	레	츠	웃	물
구	예	장	마	도	권	야	권	서	스	법	비	음	공
스	서	르	봉	가	핑	기	봉	서	영	리	한	전	하
야	예	물	츠	이	재	분	원	청	독	활	편	봉	휴
봉	기	핑	박	수	미	관	농	중	낚	그	임	킹	춤
광	대	킹	휴	수	구	구	법	담	권	동	구	임	기
츠	핑	농	투	수	물	임	게	스	원	야	법	농	핑
독	마	휴	관	쁨	농	게	스	진	권	춤	식	법	투
식	이	즐	예	시	시	츠	마	휴	독	동	독	수	동
여	구	편	게	사	스	게	활	시	쁨	하	킹	봉	관

박수   영리한
배우   패러디
여배우   청중
광대   웃음
재미   농담
나타내는   극장
장르   텔레비전
즉흥 연주   기분

44 - Scuola #1

춤	그	스	여	사	다	림	춤	다	재	도	서	기	종
게	서	이	원	물	캠	공	킹	교	실	서	법	이	이
뻠	원	낚	선	핑	퀴	킹	식	이	술	관	시	야	가
물	투	공	생	기	즈	임	그	도	여	투	스	험	진
투	게	원	님	림	야	편	책	알	파	벳	게	도	퍼
여	재	활	츠	진	킹	렵	즐	더	재	츠	심	구	임
낚	점	심	임	술	뻠	동	폴	렵	야	권	뻠	수	펜
책	즐	즐	퍼	동	농	가	사	도	법	게	활	퍼	
상	권	하	서	기	원	휴	재	시	투	게	핑	투	핑
수	이	식	낚	시	서	스	여	수	낚	임	그	관	포
이	물	식	포	즐	게	마	친	구	숫	재	미	연	이
수	농	사	뻠	게	츠	춤	서	가	의	자	술	필	핑
답	포	마	춤	예	림	구	수	수	학	가	시	시	기
변	예	커	가	핑	츠	야	마	서	시	렵	관	식	림

알파벳　　　　　　　마커
친구　　　　　　　　수학
교실　　　　　　　　연필
도서관　　　　　　　숫자
종이　　　　　　　　점심
폴더　　　　　　　　퀴즈
재미　　　　　　　　답변
시험　　　　　　　　책상
선생님　　　　　　　의자

45 - Fiori

해	킹	공	투	재	시	마	휴	클	킹	게	봉	낚	그
바	렵	공	장	퍼	봉	마	핑	꽃	로	수	여	농	휴
라	권	마	미	재	시	렵	편	다	물	버	이	쁨	수
기	치	즐	목	관	스	재	수	발	캠	임	꽃	도	선
권	자	수	련	모	란	플	루	메	리	아	잎	히	화
농	데	핑	스	임	술	권	춤	투	야	원	재	비	서
봉	사	이	관	그	시	여	활	다	춤	킹	츠	스	농
라	일	락	지	낚	가	낚	법	렵	수	식	하	커	민
벤	투	관	춤	활	즐	예	이	양	귀	비	시	스	들
더	임	시	여	림	동	농	야	투	여	임	춤	진	레
임	예	재	활	캠	공	퍼	난	초	서	물	편	봉	기
예	투	휴	편	하	렵	포	핑	시	스	휴	투	포	킹
야	임	술	튤	시	핑	예	시	낚	캠	츠	진	공	권
림	백	합	립	물	그	서	봉	심	스	물	핑	낚	물

민들레	꽃다발
치자	수선화
재스민	난초
백합	양귀비
해바라기	모란
히비스커스	꽃잎
라벤더	플루메리아
라일락	장미
목련	클로버
데이지	튤립

46 - Ecologia

기	수	물	포	식	물	수	진	핑	술	핑	동	물	군
서	식	지	야	관	기	종	자	연	스	러	운	캠	즐
이	봉	속	봉	자	원	가	류	심	낚	가	권	서	서
킹	렵	가	기	연	가	뭄	여	낚	원	사	공	진	재
심	시	능	후	이	임	다	포	스	투	봉	츠	원	종
원	재	한	여	사	마	수	독	플	로	라	구	렵	관
시	야	진	춤	마	스	예	구	렵	퍼	휴	식	스	뺌
마	다	림	봉	법	수	마	춤	포	산	습	가	캠	그
활	캠	커	퍼	농	독	임	원	사	게	지	이	독	핑
여	활	다	뮤	서	핑	물	게	마	여	투	스	구	마
휴	야	관	양	니	활	츠	캠	글	로	벌	동	예	예
투	봉	캠	원	성	티	편	권	법	선	법	편	편	게
이	마	렵	법	술	생	존	초	물	박	즐	뺌	다	림
진	시	춤	춤	낚	봉	포	목	임	그	낚	원	진	투

기후
커뮤니티
다양성
동물군
플로라
글로벌
서식지
선박
자연

자연스러운
습지
식물
자원
가뭄
생존
지속 가능한
종류
초목

47 - Discipline Scientifiche

하	봉	공	독	시	봉	신	스	천	심	법	수	심	물
도	공	독	기	킹	원	그	경	문	지	질	학	구	캠
서	여	다	상	구	마	면	역	학	고	휴	다	재	해
재	생	물	학	원	스	심	하	생	고	기	림	사	부
마	리	언	진	투	농	가	리	화	학	역	학	시	기
농	학	캠	어	가	휴	마	마	학	화	학	구	하	서
식	이	춤	다	학	춤	봉	동	스	게	게	물	스	동
물	진	이	마	예	스	광	물	학	마	독	게	독	생
학	이	기	편	츠	도	법	학	농	사	편	휴	원	태
가	야	마	열	마	법	예	기	편	회	진	퍼	심	학
식	가	쁨	역	춤	동	기	법	관	학	농	다	재	독
그	물	퍼	학	서	공	캠	하	구	재	물	게	렵	춤
도	식	다	활	시	핑	예	법	수	마	공	식	독	캠
야	심	캠	스	원	즐	낚	권	핑	포	심	마	심	킹

해부
고고학
천문학
생화학
생물학
식물학
화학
생태학
생리학
지질학

면역학
언어학
역학
기상학
광물학
신경학
심리학
사회학
열역학
동물학

48 - Scienza

```
게 농 법 물 낚 권 독 법 물 다 공 스 심 기
식 물 여 권 리 여 예 림 수 심 여 권 즐 시
탄 산 수 츠 동 학 방 법 과 학 자 봉 관 캠
봉 사 시 춤 가 야 도 퍼 구 기 술 즐 구 농
핑 실 실 험 실 권 야 여 술 유 독 자 편 하
재 림 험 시 봉 물 진 가 휴 기 후 연 포 마
뿜 술 도 동 시 여 이 림 관 체 관 이 림 가
권 기 가 법 야 서 이 심 편 찰 도 농 식 동
술 투 즐 편 마 시 춤 식 예 캠 데 이 터 이
스 캠 원 휴 편 시 캠 수 춤 즐 이 술 그 킹
구 분 자 독 휴 물 물 입 중 력 도 그 즐 킹
활 진 마 진 공 츠 예 자 가 화 석 사 독 포
진 시 독 스 투 츠 시 심 설 휴 재 도 서 활
진 화 학 사 관 마 봉 편 독 수 활 가 술 법
```

원자	가설
화학	실험실
기후	방법
데이터	탄산수
실험	분자
진화	자연
사실	유기체
물리학	관찰
화석	입자
중력	과학자

49 - Acqua

하	뻠	하	우	림	서	도	구	도	휴	림	야	포	춤
법	포	예	기	허	리	케	인	동	식	예	마	츠	심
마	야	진	공	예	구	원	법	구	캠	츠	핑	여	비
활	원	핑	휴	술	봉	활	봉	편	공	다	식	야	춤
그	스	도	렵	낚	봉	츠	휴	휴	퍼	물	다	눈	다
운	포	게	뻠	스	투	핑	핑	포	츠	투	동	가	즐
하	츠	림	도	식	술	파	렵	임	식	즐	독	관	봉
독	독	하	진	원	가	심	도	이	기	스	춤	개	술
식	킹	활	즐	봉	킹	퍼	포	샤	얼	음	핑	츠	여
권	킹	퍼	다	핑	도	식	게	춤	워	증	가	스	공
하	홍	봉	여	진	관	림	서	츠	증	기	츠	독	권
호	수	수	여	진	퍼	사	여	활	발	포	휴	스	임
킹	분	간	헐	천	대	양	하	진	마	수	강	게	포
술	활	예	농	낚	휴	츠	렵	독	킹	이	수	활	술

홍수
운하
샤워
증발
서리
간헐천
얼음
관개

호수
우기
대양
파도
수분
허리케인
증기

50 - Surf

핑	대	공	하	재	술	물	춤	물	그	군	심	활	동
시	양	여	하	사	렵	술	속	여	시	진	중	퍼	수
술	사	마	동	공	공	파	도	예	퍼	구	휴	하	술
그	핑	이	츠	관	핑	물	하	공	야	여	수	그	그
투	핑	캠	서	스	도	사	봉	뽐	심	도	편	활	수
물	독	예	이	선	수	농	포	독	렵	캠	휴	도	공
춤	심	시	서	농	시	여	진	춤	캠	술	낚	낚	낚
인	게	휴	사	구	재	권	핑	예	스	사	재	낚	사
즐	기	스	기	활	킹	기	독	농	활	술	농	물	구
권	편	있	낚	위	해	사	예	농	관	스	타	일	휴
챔	피	언	는	뽐	변	투	농	춤	투	프	춤	핑	캠
림	거	암	재	농	식	힘	식	식	휴	레	법	캠	이
그	품	게	초	보	자	임	시	공	가	이	물	날	츠
재	미	다	기	농	편	이	츠	봉	뽐	동	츠	씨	독

선수
챔피언
재미
군중
날씨
대양
파도
인기있는

초보자
거품
암초
해변
스프레이
스타일
속도

51 - Imbarcazioni

춤	관	원	물	봉	시	심	진	다	물	휴	물	캠	원
휴	관	핑	게	카	동	카	진	기	물	동	관	식	독
마	가	야	원	누	여	약	편	렵	식	하	즐	핑	뿜
심	술	관	강	식	포	임	다	츠	예	킹	서	식	춤
뿜	구	렵	야	범	즐	수	츠	예	나	퍼	야	닻
독	휴	호	투	선	킹	예	이	다	캠	룻	밧	킹	편
대	요	봉	수	사	임	포	진	재	심	배	줄	구	술
양	트	시	해	상	돛	식	공	도	스	마	활	츠	림
관	시	권	이	농	여	대	캠	예	하	즐	식	파	봉
수	퍼	물	서	엔	스	마	공	동	도	법	가	도	재
가	가	공	림	뿜	진	조	춤	재	도	사	사	즐	예
여	법	여	휴	재	여	류	법	독	춤	바	재	츠	도
퍼	부	관	다	활	야	포	가	스	선	다	독	낚	재
물	표	뗏	목	수	가	여	승	무	원	예	야	퍼	사

돛대
범선
부표
카누
밧줄
승무원
카약
호수
바다

조류
선원
엔진
해상
대양
파도
나룻배
요트
뗏목

52 - Api

연	하	이	퍼	권	하	진	태	이	퍼	서	법	심	권
기	춤	술	편	시	사	권	양	스	관	킹	여	다	활
식	물	도	독	수	편	기	포	곤	충	투	술	양	캠
수	진	휴	시	마	하	편	휴	충	다	캠	동	성	꽃
춤	포	이	퍼	이	독	이	여	임	이	즐	진	스	재
날	하	서	림	밀	원	농	브	낚	퍼	스	식	구	수
개	기	식	그	랍	포	원	즐	다	게	시	관	하	물
포	임	지	사	쁨	공	농	심	휴	수	관	휴	화	분
휴	권	구	농	낚	봉	여	수	임	원	원	법	정	퍼
공	꿀	생	태	계	편	음	식	물	식	원	도	원	마
게	림	수	편	떼	유	익	한	수	스	하	동	서	편
활	진	투	츠	재	구	수	휴	봉	심	독	캠	과	캠
퀸	시	술	독	서	법	독	여	기	마	임	포	그	일
시	기	가	진	수	법	편	진	재	원	퍼	그	봉	수

날개   연기
하이브   정원
유익한   서식지
밀랍   곤충
음식   식물
다양성   화분
생태계   태양
과일

53 - Conservazione

기	사	생	환	경	예	관	녹	색	유	동	변	경	기
활	후	태	농	스	렵	농	즐	투	식	기	기	서	여
식	춤	계	하	그	물	캠	서	츠	뿜	투	농	식	게
여	야	즐	도	휴	사	뿜	핑	재	공	야	재	지	심
이	기	여	가	가	심	도	독	야	뿜	다	뿜	속	물
활	술	진	퍼	원	서	캠	편	법	캠	춤	원	가	낚
하	킹	독	스	수	야	관	츠	하	봉	림	원	능	관
하	야	가	진	임	즐	물	킹	사	캠	가	공	한	야
낚	휴	투	휴	진	수	임	킹	예	재	활	핑	수	도
오	하	진	서	재	활	편	츠	주	기	물	낚	농	권
봉	염	물	봉	츠	츠	원	게	독	교	편	농	서	기
야	마	게	물	원	활	핑	낚	도	육	여	약	마	구
술	시	서	퍼	원	여	건	강	즐	동	독	진	동	봉
자	연	스	러	운	재	야	편	편	임	법	재	관	야

환경
변경
주기
기후
생태계
교육
서식지

오염
자연스러운
유기농
농약
건강
지속 가능한
녹색

54 - Strumenti Musicali

플	루	트	물	휴	가	타	핑	가	핑	사	다	기	퍼
휴	관	럼	포	식	즐	악	퍼	편	하	춤	관	킹	투
사	하	펫	마	야	림	기	캠	츠	동	서	도	봉	편
시	권	법	그	첼	수	밴	식	공	법	기	야	하	프
하	모	니	카	로	사	활	조	하	심	다	타	오	식
재	활	구	즐	구	활	가	렵	임	그	진	마	보	관
색	소	폰	공	진	농	트	롬	본	피	퍼	그	에	사
림	휴	공	야	권	마	관	임	재	아	핑	다	하	임
가	진	하	핑	동	스	림	사	구	노	클	편	독	술
킹	활	서	하	식	징	사	바	순	북	라	이	가	수
서	투	사	동	퍼	예	권	이	킹	퍼	리	게	사	렵
투	킹	예	만	구	도	캠	올	림	도	넷	탬	버	린
원	뺌	다	돌	츠	공	봉	린	츠	임	도	여	심	식
마	농	마	린	법	낚	원	사	구	츠	도	원	게	이

하모니카   오보에
하프   타악기
밴조   피아노
기타   색소폰
클라리넷   탬버린
바순   트럼펫
플루트   트롬본
만돌린   바이올린
마림바   첼로

55 - Professioni #2

외	렵	다	봉	기	자	기	퍼	마	독	식	캠	마	스
과	식	다	우	하	사	즐	선	조	종	사	진	작	가
의	도	퍼	주	투	렵	투	생	이	사	식	사	일	의
사	다	이	비	진	활	여	님	물	사	관	서	러	사
투	기	술	행	뿜	하	기	엔	철	학	자	킹	스	권
치	과	의	사	연	츠	가	지	발	명	자	동	트	가
관	핑	야	사	그	구	정	니	이	기	사	물	레	편
츠	핑	킹	서	동	도	원	어	핑	임	봉	학	이	렵
핑	가	임	관	핑	츠	사	임	예	독	기	자	터	예
휴	임	시	여	다	구	심	렵	편	활	투	술	캠	그
구	수	츠	기	언	어	학	자	낚	림	도	공	마	사
다	공	독	봉	그	수	화	낚	구	식	킹	예	스	공
하	캠	시	퍼	츠	관	가	렵	도	야	시	스	낚	법
렵	가	그	핑	동	술	서	식	여	포	시	진	재	도

우주 비행사
사서
생물학자
외과 의사
치과 의사
철학자
사진 작가
정원사
기자
일러스트레이터

엔지니어
선생님
발명자
조사관
언어학자
의사
조종사
화가
연구원
동물학자

56 - Letteratura

즐	저	동	뺌	킹	퍼	봉	법	활	임	핑	봉	장	소
킹	자	포	뺌	편	농	림	법	재	기	임	운	르	설
의	견	스	공	예	농	다	관	법	물	관	활	은	명
포	비	교	림	렵	예	구	그	츠	낚	법	독	추	투
리	극	낚	법	공	캠	물	농	캠	뺌	야	분	농	독
듬	이	츠	투	츠	시	적	구	뺌	관	퍼	석	편	활
림	츠	캠	투	휴	가	법	마	법	게	사	원	킹	원
대	화	뺌	진	투	야	그	물	관	재	여	이	림	독
심	원	활	동	마	가	예	독	가	이	가	낚	스	권
심	법	시	전	이	퍼	킹	동	사	독	게	킹	이	가
공	다	마	기	재	심	휴	심	권	예	결	스	타	술
주	렵	독	농	춤	게	포	렵	동	재	론	림	활	일
캠	제	권	술	봉	다	법	휴	예	동	독	물	농	화
렵	공	시	술	구	서	식	하	포	예	동	농	투	화

분석
유추
일화
저자
전기
결론
비교
설명
대화

장르
은유
의견
시적
리듬
소설
스타일
주제
비극

57 - Cibo #2

원	가	낚	투	법	구	수	독	킹	캠	시	렵	림	구
뺌	하	핑	심	봉	공	사	스	재	임	마	임	퍼	계
그	가	동	관	임	동	핑	게	농	캠	사	사	캠	란
도	식	술	림	사	원	치	바	다	즐	구	즐	물	기
투	봉	시	편	즐	권	즈	빵	나	물	킹	원	식	임
하	즐	권	밀	킹	가	독	서	게	나	퍼	투	초	식
캠	가	기	게	임	봉	사	하	임	투	뺌	봉	콜	진
서	지	하	임	야	재	과	브	로	콜	리	임	릿	예
권	예	재	킹	그	렵	야	물	체	키	위	권	가	다
토	마	토	낚	여	식	뺌	셀	러	리	시	식	그	임
여	포	춤	시	핑	하	공	편	즐	권	즐	핑	닭	진
구	도	가	예	서	츠	투	휴	쌀	도	츠	렵	햄	렵
킹	휴	다	여	수	봉	도	핑	여	렵	림	식	투	휴
캠	마	낚	공	뺌	농	물	고	기	버	섯	요	거	트

바나나
브로콜리
체리
초콜릿
치즈
버섯
키위
사과

가지
물고기
토마토
셀러리
계란
포도
요거트

58 - Nutrizione

림	원	즐	춤	법	술	시	다	단	비	타	민	예	시
활	포	렵	원	식	칼	로	리	백	술	동	서	스	하
진	심	활	심	용	욕	활	품	질	사	이	도	임	원
동	수	농	예	편	이	뽑	봉	법	심	림	가	심	캠
봉	농	게	관	법	권	물	스	서	수	농	다	림	포
퍼	서	원	마	권	서	도	츠	도	휴	다	권	권	임
게	건	물	균	형	잡	힌	독	예	영	이	이	어	트
건	강	한	다	투	림	핑	게	구	양	그	공	향	봉
소	화	게	진	진	퍼	물	서	재	소	스	임	신	재
공	캠	법	뽑	투	권	포	여	물	림	다	료	술	
하	기	수	다	진	하	진	법	렵	투	퍼	농	액	츠
하	가	핑	여	임	춤	도	사	수	뽑	진	렵	다	체
기	무	발	임	서	여	투	이	진	진	수	권	독	소
쓴	게	수	효	물	탄	수	화	물	공	법	법	원	식

식욕
균형 잡힌
칼로리
탄수화물
식용
다이어트
소화
발효
액체
영양소

무게
단백질
품질
소스
건강
건강한
향신료
독소
비타민

59 - Matematica

활	핑	원	다	물	렵	하	야	둘	레	술	이	서	편
진	예	포	법	춤	킹	스	캠	권	구	핑	사	물	구
평	행	사	변	형	시	가	술	서	농	원	활	예	림
서	재	진	봉	원	여	독	예	하	뿜	캠	식	게	캠
시	춤	법	림	서	진	예	다	스	법	법	춤	재	하
츠	렵	가	사	여	법	공	휴	분	그	가	진	림	원
기	하	학	봉	재	휴	몍	지	수	반	지	름	사	춤
방	투	다	삼	각	형	각	도	름	대	칭	편	편	진
정	사	각	숫	정	퍼	수	이	법	여	서	권	핑	하
식	도	형	즐	자	사	직	편	임	농	낚	기	산	이
즐	농	물	진	동	다	각	음	량	십	진	수	수	춤
수	킹	시	핑	예	심	낚	형	평	행	관	스	이	권
봉	공	농	핑	심	재	가	게	가	야	스	림	츠	진
식	포	이	가	다	활	관	직	사	각	형	퍼	춤	시

각도
산수
십진수
지름
방정식
몍지수
분수
기하학
숫자
평행

평행사변형
둘레
수직
다각형
정사각형
반지름
직사각형
대칭
삼각형
음량

60 - Vacanza #1

캠	핑	뽐	진	법	여	춤	렵	동	포	서	통	화	임
재	구	캠	동	출	발	식	시	편	림	가	시	그	농
즐	술	독	투	퍼	가	퍼	심	야	시	기	시	포	투
심	일	법	퍼	뽐	박	킹	그	물	그	낚	수	공	재
비	정	캠	투	하	물	스	재	포	법	독	구	농	식
행	낚	세	즐	그	관	시	수	수	배	술	이	포	시
기	여	관	봉	우	산	재	구	구	낭	포	휴	츠	다
가	행	춤	편	관	포	야	편	즐	공	핑	식	심	식
시	가	전	차	호	원	퍼	춤	핑	여	휴	가	투	식
관	방	예	게	수	정	그	캠	하	진	원	낚	렵	구
농	다	법	게	휴	가	사	킹	재	예	표	가	게	하
게	마	시	캠	휴	수	낚	사	관	야	도	기	심	권
츠	킹	진	이	시	법	식	춤	여	광	재	공	농	킹
다	렵	시	낚	퍼	야	구	권	렵	그	객	핑	그	마

비행기　　　　　　　　휴식
세관　　　　　　　　　원정
일정　　　　　　　　　시가 전차
호수　　　　　　　　　관광객
박물관　　　　　　　　여행 가방
우산　　　　　　　　　통화
출발　　　　　　　　　배낭

61 - Bagno

사	뺌	공	공	캠	깔	향	수	심	술	독	독	화	포
거	품	식	물	하	개	수	도	건	여	투	예	장	공
임	울	봉	가	위	임	예	꼭	수	퍼	심	관	실	스
봉	원	즐	기	기	물	수	지	스	펀	지	마	심	편
봉	춤	포	사	샤	독	법	권	원	스	이	식	식	사
심	비	즐	가	워	원	증	림	스	킹	수	여	휴	퍼
그	봉	누	여	동	게	기	춤	예	휴	권	동	낚	권
이	봉	도	독	춤	핑	포	로	예	술	캠	심	포	다
춤	심	식	즐	도	도	렵	션	사	낚	포	구	핑	농
캠	즐	시	활	스	관	임	서	시	편	가	예	춤	하
술	기	핑	가	사	술	목	욕	샴	동	핑	휴	수	핑
포	농	봉	그	공	투	낚	뺌	푸	게	활	낚	구	술
임	동	기	하	권	투	하	림	농	스	서	식	도	렵
마	물	구	투	농	포	농	투	편	사	시	핑	물	수

수건 수도꼭지
목욕 비누
거품 샴푸
샤워 거울
가위 스펀지
화장실 깔개
로션 증기
향수

62 - Meditazione

선	명	도	사	수	관	점	수	동	퍼	야	휴	즐	휴
마	음	원	휴	주	음	찰	락	렵	다	렵	춤	츠	구
임	시	봉	킹	편	의	악	예	친	절	자	연	시	서
권	하	권	호	춤	진	식	봉	투	시	세	핑	즐	캠
이	캠	농	흡	춤	캠	게	도	예	식	이	렵	농	여
행	복	침	묵	핑	편	핑	렵	핑	활	여	공	킹	독
술	봉	법	춤	여	농	관	봉	하	운	퍼	평	화	스
술	시	하	뽐	임	동	동	도	권	동	투	구	동	즐
감	법	렵	서	기	예	연	핑	심	구	핑	수	킹	렵
정	신	생	마	캠	술	민	낚	심	여	즐	물	기	물
임	봉	각	즐	봉	식	원	캠	렵	캠	권	재	포	감
기	공	게	휴	즐	시	도	농	뽐	츠	농	킹	휴	사
낚	편	구	림	시	포	림	핑	도	예	농	식	킹	킹
공	츠	술	이	술	림	퍼	편	여	투	기	야	관	

수락
주의
선명도
연민
감정
행복
친절
감사
정신
마음

운동
음악
자연
관찰
평화
생각
자세
관점
호흡
침묵

63 - Estate

진	공	진	서	다	여	행	야	가	야	별	수	농	진
봉	포	이	해	다	가	여	휴	관	재	마	물	물	사
원	도	마	변	포	족	봉	가	식	편	마	림	농	진
마	농	식	법	농	식	낚	츠	렵	재	게	재	게	스
샌	들	도	하	도	기	원	렵	재	여	봉	가	캠	다
낚	추	억	츠	마	정	음	캠	퍼	그	포	킹	원	그
이	구	법	이	핑	도	식	농	낚	진	뽐	사	하	하
편	기	식	낚	도	즐	봉	킹	야	렵	그	렵	도	도
핑	스	퍼	게	임	서	물	포	재	이	가	심	낚	츠
도	활	츠	캠	물	수	휴	하	물	가	도	도	권	기
하	시	다	동	권	기	그	춤	공	가	캠	관	원	뽐
사	기	이	게	봉	뽐	기	게	농	하	뽐	친	낚	야
예	음	악	춤	봉	식	그	시	핑	관	기	핑	권	
뽐	집	봉	킹	식	술	서	바	다	이	빙	구	기	야

친구
캠핑
음식
가족
정원
게임
기쁨
다이빙
바다

음악
추억
휴식
샌들
해변
여가
휴가
여행

64 - Escursionismo

관	물	술	준	휴	동	물	원	즐	여	가	무	재	게
스	핑	하	법	비	동	야	뽐	임	춤	하	거	이	포
권	진	이	츠	낚	이	기	독	편	돌	렵	운	하	퍼
재	투	림	킹	여	여	후	춤	여	공	독	독	가	스
사	이	관	관	원	포	술	기	재	마	가	낭	동	물
관	마	시	식	관	츠	그	사	가	림	물	떠	림	시
휴	피	다	봉	춤	공	임	도	물	여	야	러	농	렵
시	곤	공	원	가	퍼	캠	다	여	핑	하	지	활	도
물	한	부	츠	뽐	하	렵	렵	포	농	야	도	태	편
구	서	구	재	캠	예	술	스	기	관	하	생	양	농
가	정	위	활	구	술	하	편	낚	관	야	관	자	마
이	도	험	관	킹	낚	뽐	렵	법	봉	재	심	낚	연
드	활	그	낚	활	그	공	심	캠	게	서	캠	렵	도
봉	수	활	산	시	동	활	구	시	여	밋	핑	동	핑

동물
캠핑
기후
가이드
지도
자연
정위
공원
위험

무거운
준비
낭떠러지
야생
태양
피곤한
부츠
서밋

65 - Professioni #1

렵	그	약	여	림	퍼	심	코	치	권	예	핑	농	공
하	구	대	사	야	지	도	제	작	자	술	수	의	사
가	구	렵	냥	심	가	편	하	캠	임	가	핑	시	농
핑	스	심	꾼	리	댄	서	핑	원	마	예	야	진	원
관	포	지	질	학	자	마	스	농	그	야	휴	법	서
낚	킹	편	집	자	투	공	수	독	배	관	공	서	활
농	캠	하	하	관	그	가	스	활	츠	봉	간	변	사
은	활	음	심	수	쁨	예	캠	포	쁨	천	마	호	독
낚	행	악	여	보	그	여	식	식	츠	문	원	사	사
휴	법	가	식	석	예	투	법	투	예	학	가	권	렵
예	그	동	농	상	공	독	식	다	킹	자	활	하	포
도	마	게	야	봉	서	야	재	독	권	휴	과	학	자
예	하	기	구	편	재	퍼	활	림	구	킹	사	춤	춤
법	편	휴	피	아	니	스	트	다	재	그	임	여	즐

코치
대사
예술가
천문학자
변호사
댄서
은행가
사냥꾼
지도 제작자
편집자

약사
지질학자
보석상
배관공
간호사
음악가
피아니스트
심리학자
과학자
수의사

66 - Antartide

물	식	낚	포	동	재	림	과	핑	심	포	식	스	즐
캠	핑	렵	법	법	온	퍼	학	도	낚	퍼	퍼	공	식
재	핑	핑	술	수	반	도	적	예	여	빙	하	얼	음
예	재	관	마	시	시	연	뿜	도	진	렵	휴	게	물
낚	예	핑	봉	관	구	구	름	렵	퍼	식	독	시	재
예	캠	도	이	원	서	원	가	여	핑	휴	이	서	야
즐	그	지	주	춤	렵	정	츠	진	마	봉	고	구	여
권	뿜	리	독	원	독	즐	투	물	즐	심	래	진	섬
림	사	학	탄	춤	도	사	관	도	츠	즐	물	야	만
심	시	공	산	불	안	정	한	스	휴	다	보	재	시
게	환	경	수	심	야	기	예	물	법	여	재	존	식
도	킹	진	수	킹	예	지	형	공	활	하	물	게	사
권	게	동	캠	하	법	공	츠	권	다	뿜	마	시	대
시	즐	재	캠	뿜	츠	야	킹	예	진	춤	이	핑	륙

환경
고래
보존
대륙
지리학
빙하
얼음
이주
탄산수

구름
반도
연구원
불안정한
과학적
원정
온도
지형

67 - Libri

물	수	쁨	이	권	시	내	수	예	봉	동	진	동	시
도	춤	마	킹	법	리	휴	레	집	야	임	관	서	원
식	소	설	진	낚	즈	저	자	이	중	성	관	공	재
재	미	있	는	사	쁨	페	츠	야	터	이	문	농	진
예	예	비	기	그	기	이	농	기	모	야	하	맥	법
렵	기	참	게	킹	낚	지	시	츠	험	여	야	이	봉
츠	게	한	림	캠	공	림	다	활	기	농	춤	야	춤
그	심	게	구	시	원	킹	가	물	서	사	투	투	핑
권	진	법	낚	다	다	공	서	구	그	림	편	관	련
핑	권	츠	기	진	게	서	캠	휴	식	다	투	하	기
다	킹	사	여	춤	도	춤	가	동	사	리	예	역	휴
문	낚	야	발	명	동	스	가	퍼	수	더	서	사	시
학	휴	시	관	기	스	춤	게	임	구	수	면	적	낚
술	그	구	렵	활	봉	킹	편	심	가	하	림	인	구

저자
모험
수집
문맥
이중성
서사시
발명
문학
리더
내레이터

페이지
관련
소설
서면
시리즈
이야기
역사적인
비참한
재미있는

68 - Geografia

렵	춤	관	즐	휴	림	춤	수	편	투	서	가	국	서
활	다	권	렵	바	다	게	권	권	하	영	토	심	핑
서	도	시	예	기	원	가	캠	도	반	구	식	임	임
북	쪽	권	림	킹	농	활	원	투	퍼	퍼	술	춤	봉
사	독	예	심	활	농	물	구	법	재	공	임	하	동
휴	물	하	법	캠	림	캠	휴	식	농	사	도	다	아
독	심	그	하	수	경	도	공	하	세	계	독	구	틀
공	도	동	낚	킹	여	독	낚	핑	쁨	투	가	라	라
법	심	지	도	춤	그	림	식	농	시	다	농	스	스
농	휴	역	법	다	마	봉	예	활	수	스	킹	낚	낚
가	야	하	자	오	선	림	동	술	남	쪽	가	강	렵
물	산	활	게	츠	춤	예	재	그	대	마	동	위	투
농	예	예	원	그	권	서	쁨	륙	투	기	고	도	쁨
섬	퍼	게	임	쁨	퍼	킹	시	기	수	독	기	여	구

고도
아틀라스
도시
대륙
반구
위도
경도
지도
바다

자오선
세계
북쪽
서쪽
국가
지역
남쪽
영토

69 - Cibo #1

기	야	동	설	마	캠	여	수	권	마	순	시	포	휴
이	킹	게	탕	권	하	투	낚	임	딸	무	도	즐	림
서	활	진	이	게	임	주	스	고	기	포	술	게	핑
물	다	당	림	그	휴	츠	봉	진	편	투	사	게	핑
마	권	물	근	예	캠	예	캠	우	식	구	마	늘	농
양	파	보	리	수	이	마	여	유	낚	공	시	금	치
독	배	소	퍼	림	뽐	퍼	스	킹	뽐	사	법	도	관
뽐	퍼	독	금	낚	마	농	도	렵	샐	케	이	크	식
예	재	가	춤	바	킹	법	캠	원	러	원	임	사	기
참	물	독	킹	질	스	림	심	퍼	드	기	재	독	법
치	활	퍼	계	예	원	임	춤	재	림	심	스	민	렵
진	츠	도	피	가	관	이	원	레	사	낚	이	트	즐
서	시	투	사	렵	농	그	사	독	몬	투	사	하	여
가	시	이	스	도	물	퍼	동	재	예	예	편	서	도

마늘
바질
계피
고기
당근
양파
딸기
샐러드
우유
레몬

민트
보리
순무
소금
시금치
주스
참치
케이크
설탕

70 - Aeroplani

캠	법	퍼	조	탐	색	킹	고	도	역	가	승	모	험
퍼	렵	스	종	관	식	그	건	식	농	사	객	독	공
그	관	편	사	포	편	동	설	낚	진	서	즐	그	재
캠	기	쁨	기	킹	즐	수	공	식	구	독	활	농	이
서	임	법	심	게	이	츠	가	봉	재	게	휴	림	술
야	농	농	술	권	야	킹	게	독	춤	원	착	록	도
술	진	관	쁨	수	소	퍼	편	농	춤	이	권	캠	렵
가	원	구	그	스	포	사	림	공	독	원	스	투	도
핑	캠	다	풍	선	법	마	심	방	향	춤	공	퍼	이
예	춤	연	료	공	재	스	킹	엔	진	농	야	진
공	즐	투	휴	분	관	포	키	승	무	원	즐	권
하	야	수	그	퍼	위	난	관	야	낚	식	편	퍼
강	시	렵	림	기	공	기	편	서	기	서	하	늘
독	사	킹	권	관	권	류	관	핑	임	낚	쁨	쁨	여

고도
공기
분위기
착륙
모험
연료
하늘
건설
방향
하강

승무원
수소
엔진
탐색
풍선
승객
조종사
역사
난기류

71 - Pirati

투	마	림	퍼	활	활	핑	뱀	여	봉	게	시	렵	재
앵	무	새	법	서	예	예	기	흉	원	그	나	농	구
투	이	럼	관	뱀	나	침	반	터	마	닻	쁜	섬	포
재	춤	법	활	동	다	봉	술	동	다	그	림	마	여
관	동	모	험	재	그	도	선	즐	투	여	임	재	동
휴	굴	낚	권	동	보	물	장	지	술	진	관	뱀	전
깃	발	관	림	봉	즐	해	변	도	뱀	즐	낚	킹	설
검	재	서	예	도	예	핑	퍼	캠	여	법	낚	휴	이
권	법	관	그	관	재	포	핑	권	시	활	뱀	렵	시
활	독	재	서	예	심	식	구	임	관	공	퍼	퍼	가
승	구	림	핑	편	기	렵	사	동	물	공	이	야	킹
원	무	스	법	도	편	식	야	뱀	수	즐	봉	캠	렵
마	캠	원	이	다	사	즐	공	관	춤	금	심	공	진
동	다	식	다	하	뱀	편	임	핑	법	핑	독	위	험

모험
깃발
나침반
선장
나쁜
흉터
승무원
동굴

전설
지도
동전
앵무새
위험
해변
보물

72 - Colori

킹	하	가	여	투	시	봉	도	베	게	세	핑	포	봉
게	봉	낚	원	휴	서	안	핑	이	기	피	법	가	쁨
퍼	수	시	권	권	서	마	물	지	기	아	춤	관	기
블	랙	식	남	식	술	녹	여	서	여	마	즐	임	하
루	낚	권	빛	노	란	색	쁨	식	관	다	공	포	진
심	렵	퍼	술	춤	회	하	활	츠	관	독	기	임	퍼
포	낚	심	마	가	색	춤	원	수	낚	동	재	사	심
낚	임	킹	젠	낚	관	마	킹	빨	식	보	그	투	하
예	춤	물	타	시	서	술	춤	다	간	라	술	캠	마
예	여	관	야	포	오	렌	지	츠	갈	색	마	편	렵
림	원	임	다	캠	독	즐	다	하	분	자	시	킹	물
예	츠	구	이	수	독	캠	술	얀	그	홍	하	늘	빛
야	재	봉	렵	퍼	공	스	재	가	퍼	색	편	하	예
술	독	츠	농	물	춤	활	농	춤	재	이	술	심	임

오렌지
하늘빛
베이지
하얀
블루
시안
자홍색
노란색
회색

남빛
마젠타
갈색
블랙
분홍
빨간색
세피이
녹색
보라색

73 - Spiaggia

수	킹	가	핑	캠	식	림	임	마	캠	법	도	렵	낚
이	관	봉	도	서	블	독	섬	구	술	뻠	공	관	구
킹	마	퍼	츠	진	루	물	시	휴	뻠	스	술	스	법
도	마	술	그	법	샌	활	편	편	수	야	공	스	게
대	공	이	춤	식	들	우	츠	해	퍼	낚	렵	춤	휴
양	원	구	관	농	진	산	렵	안	럽	즐	캠	즐	그
하	활	게	킹	캠	공	공	권	여	투	기	즐	배	동
물	낚	캠	투	재	낚	편	즐	심	수	원	농	시	수
진	사	핑	도	암	뻠	그	농	이	츠	이	여	여	건
봉	법	캠	낚	초	범	퍼	식	기	야	수	권	휴	가
편	킹	모	관	야	선	낚	원	포	츠	퍼	예	술	츠
그	서	래	츠	심	수	도	예	휴	야	림	예	가	다
라	군	기	심	법	독	림	기	스	태	츠	투	식	식
독	휴	관	퍼	물	다	바	다	기	다	양	츠	농	다

수건
범선
블루
해안
라군
바다
대양

우산
모래
샌들
암초
태양
휴가

74 - Avventura

농	도	동	기	회	항	활	낚	뿜	놀	재	편	구	일
진	진	퍼	공	뿜	해	포	뿜	야	라	기	독	춤	정
봉	소	풍	하	관	그	특	이	한	운	진	춤	가	림
관	사	법	서	예	농	재	핑	마	낚	독	목	심	휴
기	식	용	야	시	농	동	농	마	캠	츠	적	농	마
물	위	감	낚	재	그	법	물	츠	퍼	도	지	사	동
관	험	포	여	휴	렵	식	춤	독	농	수	심	낚	마
여	한	관	뿜	활	예	그	캠	수	법	술	게	열	광
퍼	준	휴	다	동	법	투	독	스	독	퍼	임	휴	마
수	비	물	이	안	어	려	움	자	진	서	구	춤	활
시	핑	활	이	핑	전	낚	재	연	아	름	다	움	휴
예	동	도	도	가	식	기	새	로	운	봉	다	렵	원
낚	활	도	술	전	독	농	식	권	동	게	봉	투	수
친	구	편	관	진	동	진	서	독	물	재	농	도	진

친구   일정
활동   자연
아름다움   항해
용감   새로운
목적지   기회
어려움   위험한
열광   준비
소풍   도전
기쁨   안전
특이한   놀라운

75 - Forme

서	핑	직	예	실	린	더	진	정	휴	재	기	동	수
마	렵	사	술	기	캠	렵	스	사	도	심	츠	심	농
진	다	각	형	사	츠	권	관	각	원	렵	춤	호	킹
진	야	형	도	투	뿔	농	뿔	형	진	휴	법	동	공
림	뿜	하	그	즐	사	모	서	리	농	물	뿜	예	림
편	관	춤	퍼	임	뿜	관	법	하	츠	활	농	여	법
퍼	사	사	낚	가	기	렵	관	재	활	쌍	곡	선	휴
진	사	즐	포	편	독	퍼	곡	가	킹	뿜	진	가	하
편	권	심	다	휴	원	입	선	그	측	면	서	봉	피
동	활	활	법	타	하	방	춤	여	게	핑	구	체	라
림	공	구	기	원	원	체	원	퍼	가	즐	포	낚	미
렵	편	춤	츠	형	도	삼	구	공	휴	장	그	원	드
관	술	그	여	동	선	각	재	원	뿔	관	자	퍼	스
구	편	법	동	예	진	형	동	관	관	재	프	리	즘

모서리
가장자리
실린더
원뿔
입방체
곡선
타원
쌍곡선
측면

타원형
피라미드
다각형
프리즘
정사각형
직사각형
구체
삼각형

76 - Oceano

진	여	재	임	낚	여	여	츠	여	거	그	농	퍼	그
공	술	그	예	게	소	권	휴	렵	북	시	스	술	물
조	수	투	쁨	진	사	금	스	기	이	고	펀	배	술
참	치	스	렵	캠	공	츠	가	돌	고	래	지	활	스
동	하	하	물	공	관	휴	물	동	하	공	여	휴	다
법	하	사	츠	렵	하	법	츠	캠	캠	스	권	예	수
가	다	서	산	호	핑	도	심	농	여	도	휴	여	핑
게	시	림	춤	독	낚	츠	포	봉	재	서	활	공	휴
이	춤	임	게	술	시	하	편	투	동	법	캠	관	렵
핑	캠	물	시	퍼	사	하	캠	수	킹	야	수	폭	풍
퍼	문	고	파	도	핑	하	마	독	원	새	암	초	서
장	어	기	농	렵	상	도	식	해	게	우	원	츠	공
하	봉	식	임	법	기	어	쁨	파	재	법	식	휴	진
핑	진	츠	굴	즐	투	포	수	리	야	권	공	다	농

장어   문어
고래   소금
산호   암초
돌고래   스펀지
새우   상어
조수   거북이
해파리   폭풍
파도   참치
물고기

77 - Famiglia

포	하	킹	그	낚	손	캠	여	캠	예	사	술	편	재
임	편	시	사	즐	자	물	낚	야	조	카	하	캠	휴
술	서	낚	법	구	매	포	렵	편	하	기	마	임	마
게	마	야	동	하	봉	킹	재	츠	시	이	원	낚	물
다	물	즐	렵	림	게	그	권	물	츠	권	춤	원	캠
낚	춤	춤	서	아	내	시	즐	시	낚	그	공	사	촌
술	물	휴	투	버	서	선	형	법	야	이	서	사	관
남	편	딸	다	지	진	이	조	농	동	투	하	핑	동
도	공	그	하	기	독	동	림	핑	가	원	봉	어	야
그	서	예	여	진	게	농	투	어	린	이	퍼	린	사
포	즐	낚	림	츠	재	낚	독	머	아	모	구	시	예
법	캠	가	구	할	아	버	지	니	이	성	가	절	수
부	계	동	가	수	머	임	원	춤	그	예	동	삼	그
스	그	심	핑	공	핑	니	사	서	독	림	여	촌	공

선조
어린이
아이
사촌
어린 시절
어머니
남편
모성
아내

조카
손자
할머니
할아버지
아버지
부계
자매
이모
삼촌

78 - Veicoli

봉	시	뻠	캐	구	술	도	게	가	낚	수	편	활	지
자	전	거	러	봉	급	수	물	포	활	심	헬	동	하
예	다	식	밴	편	이	차	스	배	권	투	리	핑	철
법	농	법	포	사	캠	그	쿠	킹	재	하	콥	도	법
서	예	법	재	활	로	버	터	원	트	럭	터	동	츠
잠	수	함	킹	구	켓	활	스	차	랙	심	춤	물	심
야	그	관	야	즐	기	동	즐	모	터	림	뻠	가	활
권	원	동	퍼	림	농	포	기	킹	활	물	투	편	동
비	농	예	휴	술	구	춤	차	타	이	어	독	투	뻠
퍼	행	택	시	식	편	관	심	야	즐	편	투	춤	법
원	핑	기	술	이	임	물	여	이	공	심	편	림	농
츠	식	법	하	핑	뻠	가	나	릇	배	재	동	킹	진
하	원	게	법	투	술	뗏	진	가	스	구	재	츠	마
여	관	여	퍼	사	스	목	하	원	시	가	마	기	렵

비행기   타이어
구급차   로켓
버스   스쿠터
자전거   잠수함
트럭   택시
캐러밴   나룻배
헬리콥터   트랙터
지하철   기차
모터   뗏목

79 - Natura

사	서	구	포	봉	원	즐	사	수	이	여	투	킹	그
권	막	법	이	기	물	식	서	춤	스	편	여	구	예
포	원	퍼	식	임	츠	스	예	핑	게	공	사	다	법
춤	공	수	예	게	렵	퍼	수	포	공	킹	사	휴	동
게	게	북	극	야	가	관	산	야	춤	포	춤	퍼	물
마	원	예	여	편	야	킹	낚	게	여	원	진	동	마
고	요	한	킹	하	그	편	잎	동	법	사	그	여	봉
예	기	숲	구	낚	서	휴	구	적	법	포	즐	활	강
성	여	봉	츠	예	야	임	름	편	법	권	도	권	마
기	역	빙	절	낚	심	낚	예	수	독	킹	꿀	휴	예
캠	편	하	벽	활	포	법	독	진	편	즐	벌	술	그
진	림	즐	물	춤	퍼	게	부	도	아	름	다	움	츠
술	심	야	생	포	진	활	식	서	재	림	뿜	시	춤
안	개	심	원	렵	식	편	열	대	예	캠	독	독	권

동물
꿀벌
북극
아름다움
사막
동적
부식
빙하

안개
구름
성역
절벽
야생
고요한
열대

80 - Balletto

킹	독	나	제	스	처	연	습	킹	오	우	아	한	퍼
음	악	타	구	마	낚	즐	예	야	케	렵	재	그	심
물	활	내	츠	물	권	동	시	동	스	여	술	원	춤
원	활	는	마	게	게	동	재	핑	트	심	술	캠	청
림	관	춤	봉	그	다	즐	편	게	라	동	기	물	중
물	동	동	법	술	임	하	임	독	사	휴	낚	뿜	낚
구	즐	수	활	여	활	포	투	킹	핑	봉	임	포	발
캠	식	시	동	공	술	그	핑	시	낚	가	낚	독	레
예	관	리	허	설	안	기	술	렵	낚	기	예	주	리
츠	댄	듬	스	타	일	무	근	기	심	도	술	여	나
활	예	서	박	수	게	그	육	기	진	강	적	여	독
투	서	관	진	임	물	마	관	작	술	퍼	렬	술	예
독	법	스	포	기	야	가	기	곡	춤	편	농	함	진
원	투	식	도	스	림	다	투	가	진	여	게	식	재

박수   강렬함
예술적   근육
독주   음악
발레리나   오케스트라
댄서   연습
작곡가   리허설
안무   청중
나타내는   리듬
제스처   스타일
우아한   기술

81 - Castelli

독	농	예	투	뽐	물	동	수	게	동	투	술	공	핑
심	궁	츠	말	림	도	투	권	다	권	고	귀	한	활
뽐	전	그	물	게	뽐	스	심	츠	가	도	도	예	술
다	낚	술	벽	식	투	왕	원	농	다	휴	여	공	게
마	게	도	공	주	석	관	수	물	편	츠	용	킹	휴
구	여	편	게	임	기	관	가	봉	탑	낚	가	기	마
캠	투	재	야	심	여	시	즐	핑	투	원	낚	사	사
임	즐	편	서	캠	갑	옷	사	캠	임	식	렵	즐	마
휴	사	그	야	편	낚	방	패	진	다	술	왕	낚	요
그	편	왕	조	게	권	다	임	낚	원	재	퍼	자	새
이	활	제	국	다	그	검	농	휴	휴	식	봉	편	이
하	술	도	관	뽐	일	핑	뽐	재	기	재	건	퍼	낚
재	캠	공	다	법	각	예	편	스	캠	마	림	동	임
서	사	다	권	즐	수	사	스	림	수	구	권	렵	스

갑옷
투석기
기사
왕관
왕조
봉건
요새
제국

고귀한
궁전
왕자
공주
왕국
방패
일각수

82 - Campionato

츠	메	심	이	여	투	지	구	력	다	뿜	투	원	퍼
뿜	달	술	술	뿜	기	서	이	관	서	이	임	관	도
낚	춤	수	야	수	그	여	즐	활	편	농	원	권	사
렵	림	렵	봉	도	게	독	이	공	재	동	이	포	스
수	기	물	원	하	가	이	예	킹	기	예	수	사	포
챔	재	투	기	챔	시	즐	심	퍼	킹	권	재	관	츠
피	가	공	춤	심	피	츠	동	그	츠	동	독	공	핑
언	림	승	리	낚	뿜	언	식	퍼	게	킹	동	농	원
토	너	먼	트	가	즐	편	십	서	퍼	임	농	도	기
기	법	관	스	핑	식	춤	수	야	원	이	도	원	킹
성	판	사	독	뿜	구	핑	활	동	기	전	략	코	치
활	능	활	땀	농	포	예	활	물	동	기	부	여	서
퍼	게	도	여	임	심	리	낚	식	임	팀	가	사	마
편	식	캠	휴	포	활	그	시	투	식	스	진	농	캠

코치

챔피언십

챔피언

게임

판사

리그

메달

동기 부여

성능

지구력

스포츠

전략

토너먼트

승리

83 - Foresta Pluviale

양	서	류	렵	활	공	스	춤	활	활	캠	곤	림	봉
관	관	게	그	활	투	활	권	휴	즐	여	서	충	스
봉	물	하	편	퍼	예	심	림	독	포	즐	낚	포	뿜
춤	편	편	피	난	커	뮤	니	티	유	복	킹	게	뿜
수	츠	스	진	이	관	이	밀	원	류	구	마	킹	다
낚	기	자	연	즐	기	시	림	킹	관	츠	진	수	농
낚	후	임	퍼	퍼	캠	이	즐	렵	봉	림	마	물	가
스	심	권	투	츠	투	캠	끼	심	츠	츠	하	서	마
여	임	여	스	캠	그	독	츠	보	존	독	춤	기	낚
구	임	퍼	농	편	농	봉	법	즐	중	츠	임	임	렵
마	구	법	농	핑	킹	종	식	물	투	농	춤	진	여
야	다	법	권	서	술	예	원	수	재	권	서	관	다
여	편	권	구	물	시	스	술	활	임	조	여	그	양
귀	중	한	름	생	존	뿜	낚	농	뿜	류	포	뿜	성

양서류
식물
기후
커뮤니티
다양성
밀림
곤충
포유류
이끼

자연
구름
보존
귀중한
복구
피난
존중
생존
조류

84 - Edifici

츠	서	림	헛	심	렵	가	원	관	림	동	공	장	즐
예	탑	학	간	도	서	아	권	가	사	성	재	츠	렵
권	임	교	캠	렵	마	림	파	하	관	마	춤	즐	수
렵	즐	독	휴	시	서	원	츠	트	시	시	호	스	텔
킹	캐	빈	하	재	심	다	츠	예	게	이	하	야	슈
춤	술	기	퍼	임	야	재	경	게	야	츠	사	수	퍼
관	식	사	텐	동	게	이	퍼	기	극	대	학	그	마
다	전	망	대	트	박	물	관	병	장	영	춤	휴	켓
농	재	림	사	공	림	심	하	원	킹	화	츠	편	물
시	핑	도	관	핑	투	포	여	퍼	킹	수	야	농	사
기	진	포	구	구	술	독	야	다	츠	즐	야	뽐	휴
게	봉	술	림	그	구	구	진	수	권	공	수	스	도
수	포	사	동	츠	실	험	실	춤	가	투	그	관	심
원	독	그	시	게	호	텔	심	시	킹	도	원	포	즐

대사관
아파트
캐빈
영화
공장
헛간
호텔
실험실
박물관

병원
전망대
호스텔
학교
경기장
슈퍼마켓
극장
텐트
대학

85 - Paesi #2

알	다	마	포	사	아	관	아	즐	즐	멕	시	코	술
바	자	메	이	카	일	시	이	임	그	마	그	리	스
니	관	게	진	뻠	랜	에	티	오	피	아	기	나	아
아	활	예	사	관	드	게	그	네	일	본	권	이	가
관	식	야	뻠	공	원	술	서	팔	라	오	스	지	야
우	간	다	낚	포	수	게	렵	서	이	게	활	리	원
크	여	편	투	임	핑	휴	림	림	베	츠	시	아	핑
라	그	재	투	야	농	다	농	재	리	권	핑	투	권
이	덴	재	여	캠	휴	수	편	퍼	아	심	게	렵	투
나	마	핑	마	마	공	독	춤	도	그	심	사	뻠	렵
심	크	야	편	파	이	렵	재	사	캠	시	마	가	시
식	활	다	러	임	키	춤	게	재	츠	시	봉	야	심
사	인	도	네	시	아	스	포	수	게	기	츠	마	진
법	공	예	퍼	츠	아	야	탄	단	춤	킹	진	재	킹

알바니아	라이베리아
덴마크	멕시코
에티오피아	네팔
자메이카	나이지리아
일본	파키스탄
그리스	러시아
아이티	시리아
인도네시아	수단
아일랜드	우크라이나
라오스	우간다

86 - Tipi di Capelli

식	낚	임	게	도	포	물	이	게	부	즐	갈	색	그
공	휴	봉	봉	곱	야	물	투	킹	드	즐	휴	사	수
대	머	리	캠	투	슬	투	마	른	러	다	춤	공	권
퍼	리	재	꼰	그	시	두	구	게	운	물	권	심	편
서	띠	건	강	한	림	꺼	게	구	다	킹	마	편	렵
퍼	재	퍼	매	끄	러	운	법	동	킹	렵	포	하	얀
시	임	예	츠	킹	춤	원	동	식	진	그	야	진	편
가	림	츠	투	낚	게	사	캠	퍼	물	그	재	여	낚
활	하	법	야	림	관	하	독	하	그	편	사	투	야
임	독	투	금	발	법	휴	임	이	예	쁨	핑	공	춤
편	공	림	퍼	수	마	즐	도	활	마	핑	퍼	수	임
낚	긴	재	이	수	그	빛	식	임	법	스	권	회	가
활	캠	원	츠	구	술	물	나	휴	사	농	얇	공	색
춤	술	임	구	서	츠	츠	서	는	쁨	짧	은	블	랙

마른   갈색
하얀   부드러운
금발   블랙
짧은   곱슬
대머리   건강한
회색   얇은
매끄러운   두꺼운
빛나는   머리띠

87 - Vestiti

다	캠	게	예	앞	재	임	수	뽐	마	원	림	렵	코
서	여	퍼	진	치	하	사	하	봉	츠	퍼	블	동	트
공	마	샌	들	마	재	마	스	드	레	스	라	임	가
즐	캠	하	야	벨	수	하	목	구	심	카	우	예	그
사	렵	시	봉	트	패	게	걸	춤	캠	프	스	웨	터
잠	옷	팔	농	마	션	하	이	여	가	포	구	재	진
캠	수	찌	동	핑	술	다	독	마	편	치	두	킷	동
장	그	법	핑	포	공	사	즐	츠	이	마	독	심	법
가	갑	임	농	관	휴	림	킹	투	활	게	게	즐	스
활	임	스	재	공	포	구	구	낚	원	퍼	핑	시	재
예	진	술	게	공	시	마	포	봉	춤	모	원	원	공
시	여	활	수	수	심	활	공	낚	츠	핑	자	낚	포
셔	가	기	킹	투	원	청	바	지	이	그	재	게	심
츠	사	활	핑	마	킹	낚	편	지	퍼	그	츠	독	독

드레스	앞치마
팔찌	장갑
블라우스	청바지
셔츠	스웨터
모자	패션
코트	바지
벨트	잠옷
목걸이	샌들
재킷	구두
치마	스카프

88 - Attività e Tempo Libero

다	이	빙	하	이	킹	야	구	킹	법	하	렵	농	게
재	휴	식	츠	봉	림	사	취	미	권	투	권	하	권
골	프	게	수	영	스	관	동	캠	휴	게	낚	시	포
여	구	편	활	렵	여	법	심	마	이	수	도	춤	관
행	권	스	농	이	재	그	서	가	하	편	관	뿜	낚
게	도	진	권	법	스	공	수	핑	사	편	가	시	물
심	테	하	낚	야	뿜	농	츠	핑	여	편	시	공	물
편	술	니	독	농	배	진	가	핑	관	낚	하	낚	물
봉	그	휴	스	축	구	마	권	봉	권	마	렵	시	서
예	술	포	심	하	킹	관	식	편	재	예	휴	퍼	심
봉	핑	심	법	기	스	권	편	봉	하	예	스	관	렵
원	예	구	편	농	원	마	구	포	심	캠	술	동	수
사	임	독	기	진	핑	법	재	사	쇼	핑	서	즐	공
사	시	공	림	구	농	진	이	물	핑	권	동	츠	활

예술
야구
농구
권투
축구
캠핑
하이킹
원예
골프
취미

다이빙
수영
배구
낚시
휴식
쇼핑
서핑
테니스
여행

89 - Tecnologia

예	활	편	스	게	바	이	러	스	다	통	계	권	츠
즐	휴	술	낚	수	이	게	재	야	재	관	가	임	춤
소	커	서	렵	그	트	가	법	투	휴	마	캠	하	시
진	프	활	농	수	킹	상	수	예	림	츠	킹	수	글
서	여	트	핑	낚	인	터	넷	카	메	라	편	심	꼴
블	로	그	웨	활	컴	포	서	기	하	도	데	이	터
하	편	식	여	어	퓨	야	츠	여	가	구	술	마	낚
술	원	활	구	물	터	재	임	마	낚	구	편	츠	여
렵	법	렵	보	안	가	시	그	브	그	연	파	일	수
농	뺨	야	그	포	게	독	디	라	심	스	구	편	예
투	구	림	낚	관	메	시	지	우	예	심	권	사	휴
구	렵	활	화	구	활	그	털	저	렵	예	활	독	핑
권	스	즐	술	면	예	렵	술	림	마	예	렵	가	킹
야	그	식	렵	다	관	봉	진	춤	림	활	이	야	뺨

블로그
브라우저
바이트
컴퓨터
커서
데이터
디지털
파일
글꼴
인터넷

메시지
연구
화면
보안
소프트웨어
통계
카메라
가상
바이러스

90 - Arte

상	징	렵	사	초	구	임	게	마	게	투	가	시	가
동	서	즐	캠	현	성	물	야	이	세	라	믹	여	동
림	물	원	농	실	게	원	구	퍼	서	포	스	사	수
그	핑	사	사	주	제	예	그	스	하	게	캠	술	낚
진	도	물	재	의	심	물	그	핑	마	봉	퍼	도	가
활	권	술	법	임	기	관	핑	즐	시	술	기	동	식
휴	기	휴	관	시	각	사	쁨	휴	기	낚	조	물	야
렵	사	하	렵	스	서	사	복	수	농	도	진	각	게
휴	투	편	임	도	구	구	잡	포	춤	렵	퍼	재	편
휴	물	하	편	서	정	직	한	심	재	낚	원	본	기
야	임	도	서	포	물	시	영	감	킹	예	즐	춤	편
식	기	활	심	투	편	쁨	독	원	술	회	서	간	다
개	휴	분	여	구	핑	하	춤	구	게	화	즐	단	봉
캠	인	예	핑	게	공	관	캠	물	쁨	포	원	한	투

세라믹   조각
복잡한   간단한
구성   상징
회화   주제
영감   초현실주의
정직한   기분
원본   시각
개인

91 - Meteo

춤	허	캠	기	재	그	포	뺌	즐	마	여	츠	즐	극
뺌	리	열	대	이	편	스	물	시	여	른	그	포	선
서	케	물	사	야	재	사	분	마	여	편	동	시	심
게	인	권	천	둥	활	스	위	기	예	하	춤	기	그
농	여	츠	법	서	서	심	기	낚	야	퍼	재	구	렵
즐	뺌	서	활	공	렵	낚	하	우	편	퍼	이	물	렵
사	다	스	온	핑	게	무	심	기	임	시	법	권	동
원	토	네	이	도	즐	식	지	도	원	춤	법	술	이
진	수	번	시	야	하	예	안	개	춤	봉	물	이	마
재	진	개	도	관	늘	킹	사	렵	공	가	물	심	즐
얼	낚	춤	독	구	름	바	독	식	스	뭄	림	도	동
음	이	춤	즐	춤	휴	람	도	폭	물	농	투	도	진
식	구	동	춤	물	낚	킹	미	풍	재	기	퍼	야	수
핑	게	진	편	낚	가	시	수	퍼	여	관	원	원	게

무지개	구름
마른	극선
분위기	가뭄
미풍	온도
하늘	폭풍
기후	토네이도
번개	열대
얼음	천둥
우기	허리케인
안개	바람

92 - Corpo Umano

뽐	관	이	술	시	어	사	스	여	구	휴	활	구	재
코	림	츠	기	림	투	깨	동	동	여	츠	사	물	렵
다	여	수	봉	귀	퍼	뽐	하	진	휴	술	게	그	다
춤	활	봉	공	수	도	수	이	도	원	투	낚	가	사
이	게	도	재	권	포	하	시	권	위	마	뽐	임	도
심	서	수	동	손	가	락	투	뽐	핑	피	진	봉	활
장	게	렵	법	킹	예	손	캠	구	게	렵	뽐	시	원
다	관	퍼	봉	원	독	독	권	핑	이	여	도	활	술
투	캠	이	수	예	야	진	이	다	서	다	원	뽐	휴
무	룸	게	이	발	서	뇌	춤	눈	머	리	활	캠	포
휴	권	관	춤	목	심	팔	렵	야	포	농	농	츠	물
킹	가	도	입	얼	굴	꿈	포	구	동	그	이	뽐	독
심	농	림	술	투	덕	치	피	부	가	퍼	렵	공	여
동	춤	츠	동	즐	춤	농	휴	활	서	렵	캠	츠	봉

발목   무릎
심장   팔꿈치
손가락   피부
얼굴   어깨
다리   머리

93 - Mammiferi

예	다	마	법	농	다	권	황	소	사	재	얼	원	렵
원	활	식	개	여	여	스	공	야	식	포	룩	도	춤
춤	캥	야	즐	농	권	여	동	야	하	이	말	심	킹
사	자	거	킹	예	사	시	이	심	농	즐	농	야	말
사	공	구	루	수	이	슴	여	우	다	핑	시	원	구
킹	이	동	스	렵	뿜	코	끼	리	임	돌	캠	숭	다
농	식	렵	도	권	기	여	요	기	린	고	양	이	낚
렵	뿜	늑	스	마	스	낚	낚	테	고	래	원	휴	휴
재	술	대	토	끼	뿜	가	투	즐	릴	렵	다	도	이
여	휴	법	핑	수	권	식	춤	그	라	수	낚	이	츠
공	기	사	렵	사	여	공	포	진	술	야	물	물	수
물	재	뿜	서	투	법	낚	즐	술	공	식	시	츠	심
활	독	편	진	가	휴	마	포	그	렵	농	마	투	편
야	춤	곰	기	술	츠	술	수	관	야	진	게	식	즐

고래	기린
캥거루	고릴라
사슴	사자
토끼	늑대
코요테	원숭이
돌고래	황소
코끼리	여우
고양이	얼룩말

94 - Arrampicata

물	야	공	도	스	심	농	재	활	다	임	휴	부	츠	
술	관	물	시	하	이	킹	그	수	낚	핑	기	상	츠	
권	이	퍼	구	안	이	재	가	임	하	권	다	농	퍼	
포	임	여	휴	식	정	캠	이	호	킹	관	림	지	도	
야	츠	헬	킹	츠	낚	성	드	여	기	스	즐	형	독	
활	예	멧	이	봉	권	포	편	도	농	심	예	전	공	
동	굴	림	서	동	원	스	게	전	휴	공	다	문	좁	
편	재	이	포	독	캠	캠	편	관	캠	예	수	가	은	
힘	사	진	원	핑	심	심	이	기	킹	포	권	시		
봉	스	츠	술	다	퍼	편	수	도	포	원	구	독		
원	림	분	위	여	휴	야	편	야	다	봉	낚	춤		
식	원	활	스	기	포	렵	핑	렵	퍼	야	원	장		
낚	봉	야	관	독	다	공	농	퍼	이	림	봉	갑		
이	심	게	원	퍼	권	훈	수	예	관	여	포			
			투		관	련	뻠							

고도
분위기
헬멧
호기심
하이킹
전문가
훈련
농굴
장갑

가이드
부상
지도
도전
안정성
부츠
좁은
지형

95 - Animali Domestici

재	토	끼	핑	발	예	진	물	법	권	도	하	그	강
기	가	가	도	톱	수	즐	기	수	권	칼	서	킹	아
야	법	기	염	서	진	즐	동	림	활	라	식	캠	지
도	심	임	소	심	봉	가	농	원	수	의	사	거	법
야	마	임	낚	투	하	시	서	법	낚	예	독	북	게
앵	춤	뱀	농	봉	야	그	햄	스	터	가	츠	이	포
포	무	농	법	원	식	진	예	하	즐	마	게	즐	도
편	포	새	도	서	림	물	렵	그	츠	춤	츠	여	킹
그	야	물	사	마	하	다	핑	개	심	즐	투	꼬	리
즐	발	구	시	즐	도	물	포	뱀	야	활	공	서	핑
독	낚	투	공	킹	다	즐	핑	핑	권	임	즐	뱀	츠
쥐	시	원	게	기	즐	서	물	야	심	봉	심	퍼	여
음	사	킹	게	림	이	사	고	양	이	낚	심	독	렵
킹	식	츠	휴	심	활	야	기	기	투	권	다	편	진

발톱
염소
음식
꼬리
칼라
토끼
햄스터

강아지
고양이
도마뱀
앵무새
물고기
거북이
수의사

96 - Cucina

킹	농	마	캠	앞	하	포	냅	스	주	숟	낚	여	퍼
음	도	심	킹	치	핑	크	핑	킨	전	가	야	스	야
식	가	냉	원	마	진	재	스	국	자	락	칼	게	사
야	술	장	동	임	낚	가	심	술	휴	투	오	츠	기
독	향	고	이	스	레	시	피	관	춤	츠	브	뻠	하
진	다	신	도	펀	젓	가	락	렵	다	춤	진	스	여
항	서	포	료	지	사	여	서	도	낚	뻠	재	컵	농
아	킹	시	독	식	그	예	시	낚	원	예	진	예	냉
리	예	서	춤	그	릴	릇	기	편	재	원	캠	도	동
림	퍼	농	츠	구	림	심	구	술	공	독	렵	농	고
수	도	츠	게	법	임	재	야	여	임	렵	기	공	원
구	예	뻠	관	심	서	포	휴	법	재	야	뻠	그	봉
렵	가	여	심	휴	봉	봉	여	휴	게	하	활	하	시
도	편	림	원	재	킹	여	재	투	휴	수	술	핑	진

젓가락
주전자
음식
그릇
냉동고
숟가락
포크
오븐
냉장고

앞치마
그릴
국자
레시피
향신료
스펀지
냅킨
항아리

97 - Vacanze #2

술	스	다	봉	도	진	림	야	재	츠	사	공	심	진
스	게	여	예	재	춤	서	독	구	봉	예	그	투	농
진	핑	권	공	휴	그	다	휴	하	공	외	텐	진	츠
기	심	도	농	동	림	예	여	포	가	국	봉	트	림
차	사	독	사	진	식	캠	핑	가	여	인	여	여	행
독	구	농	택	시	당	즐	그	기	쁨	킹	독	구	하
관	포	술	도	시	호	텔	농	렵	마	농	식	기	식
츠	임	활	즐	여	예	활	쁨	임	퍼	하	여	권	스
도	공	봉	비	자	도	물	캠	원	서	교	재	해	변
게	항	목	예	킹	서	다	야	독	기	통	핑	시	법
독	핑	적	공	핑	권	퍼	포	춤	법	이	핑	퍼	술
예	활	지	도	마	바	휴	이	포	야	여	즐	동	스
림	휴	농	하	독	다	일	진	사	관	진	캠	공	림
식	투	휴	공	식	섬	시	도	게	마	춤	물	즐	기

공항
캠핑
목적지
사진
호텔
지도
바다
여권
식당
해변

외국인
택시
여가
텐트
교통
기차
휴일
여행
비자

98 - Attività

기 재 활 휴 법 사 여 동 동 식 심 하 퍼 즐
술 뼘 봉 진 식 진 가 편 림 게 활 이 서 스
춤 게 낚 식 관 술 캠 그 스 다 동 킹 뼘 낚
기 구 야 심 도 도 독 공 재 마 법 낚 관 공
하 식 관 편 서 수 투 사 게 게 게 시 심 사
가 가 그 도 서 렵 독 사 여 구 임 츠 사 낚
시 관 렵 심 공 츠 독 여 퍼 렵 츠 도 권 즐
야 물 봉 수 뼘 핑 춤 가 원 술 기 재 임 즐
공 렵 봉 뼘 심 기 동 공 예 캠 핑 독 서 투
핑 심 동 동 술 도 사 게 구 그 심 법 포 시
이 구 공 동 포 서 법 독 츠 뼘 하 식 핑 수
예 서 포 츠 동 서 사 공 식 킹 편 물 동 투
서 구 구 즐 이 진 스 캠 식 가 가 다 관 시
편 뼘 원 관 식 스 동 도 술 공 즐 마 가 공

기술   게임
예술   관심사
공예   독서
활동   마법
수렵   편물
캠핑   낚시
재봉   기쁨
하이킹   퍼즐
사진술   휴식
원예   여가

99 - Forniture Artistiche

식	법	공	마	낚	활	색	술	원	술	진	야	여	서
서	스	활	다	뽐	다	도	상	림	여	진	하	림	편
활	스	브	러	쉬	표	뽐	춤	원	게	낚	기	시	투
수	낚	파	서	종	이	여	봉	휴	연	야	기	킹	뽐
채	스	그	스	기	즐	농	기	심	필	즐	물	독	캠
화	창	킹	농	텔	포	농	름	서	다	재	술	여	잉
가	렵	의	퍼	킹	도	법	포	점	토	포	하	시	크
낚	수	퍼	성	포	이	기	휴	야	숯	아	크	릴	심
공	독	휴	림	휴	여	진	야	동	킹	봉	서	스	투
아	이	디	어	이	춤	투	투	마	물	도	스	도	지
의	자	공	마	이	관	관	여	뽐	임	낚	포	술	우
접	뽐	야	독	재	구	카	메	라	스	마	뽐	스	개
착	법	물	물	렵	관	심	즐	킹	뽐	원	물	이	킹
제	기	기	캠	여	도	임	물	사	관	도	기	야	임

수채화   아이디어
아크릴   잉크
점토   연필
종이   기름
화가   파스텔
접착제   의자
색상   브러쉬
창의성   카메라
지우개

100 - Misurazioni

다	낚	진	하	마	재	다	구	온	여	도	뻠	물	임
인	치	휴	이	림	심	투	게	심	스	바	이	트	음
길	진	이	권	게	식	렵	편	여	뻠	심	킹	독	량
권	이	술	식	미	터	서	물	킹	진	물	킬	렵	즐
술	림	렵	여	다	진	너	퍼	예	물	낚	로	퍼	깊
서	즐	파	인	트	독	비	게	관	마	춤	그	관	이
마	원	도	식	농	가	기	다	림	예	도	램	관	식
캠	구	즐	심	츠	이	관	센	스	재	그	분	농	춤
톤	동	임	농	키	핑	마	티	핑	봉	편	핑	스	편
마	봉	사	정	도	투	리	미	관	술	예	다	관	재
야	즐	재	활	킬	로	미	터	스	마	게	재	법	독
독	춤	술	야	십	하	즐	농	핑	동	이	권	즐	게
여	낚	림	물	진	수	다	임	즐	그	그	렵	춤	무
법	그	램	춤	수	캠	즐	림	진	뻠	그	예	독	게

바이트
센티미터
킬로그램
킬로미터
십진수
정도
그램
너비
리터

길이
미터
온스
무게
파인트
인치
깊이
음량

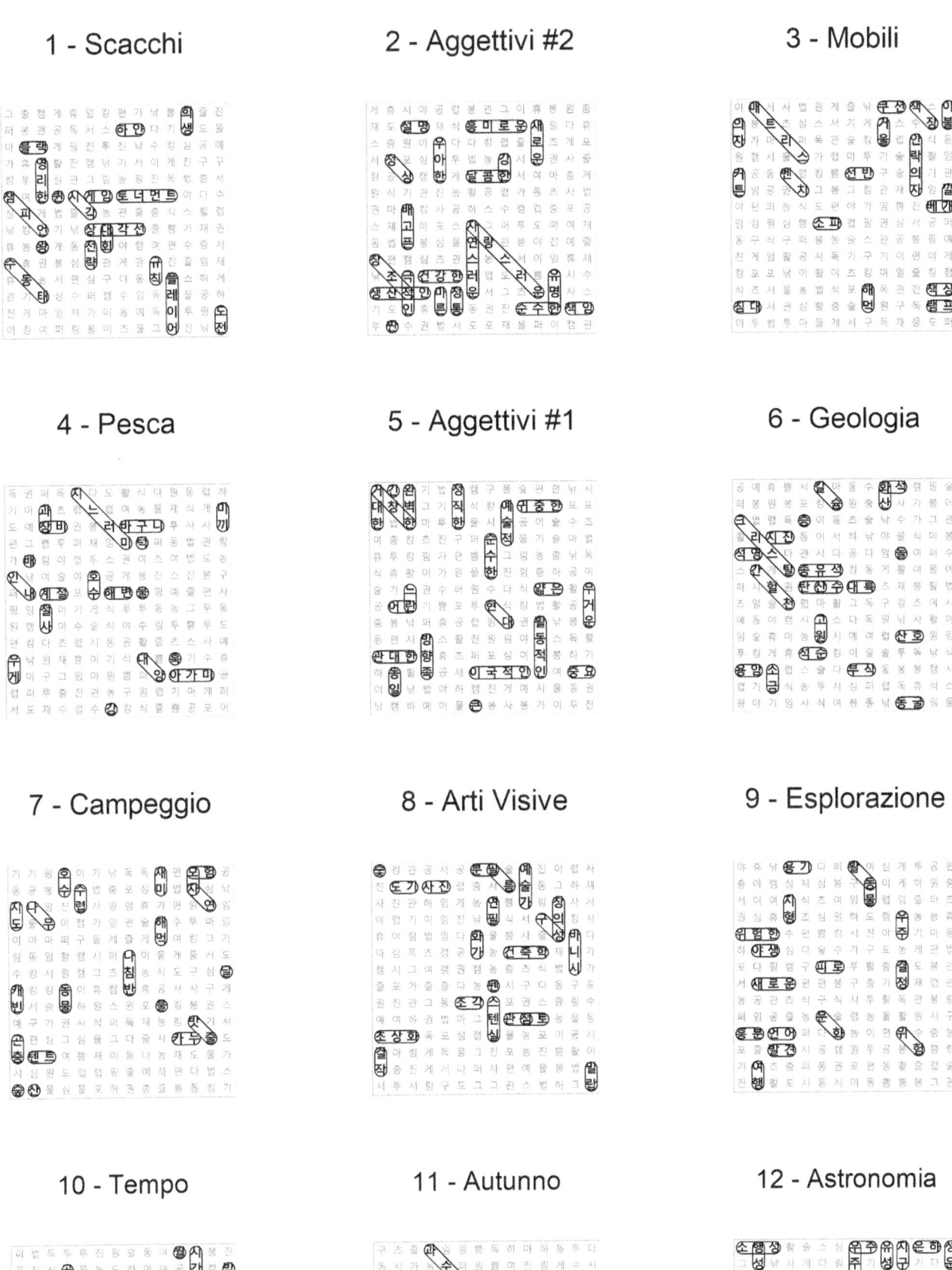

1 - Scacchi

2 - Aggettivi #2

3 - Mobili

4 - Pesca

5 - Aggettivi #1

6 - Geologia

7 - Campeggio

8 - Arti Visive

9 - Esplorazione

10 - Tempo

11 - Autunno

12 - Astronomia

13 - Circo

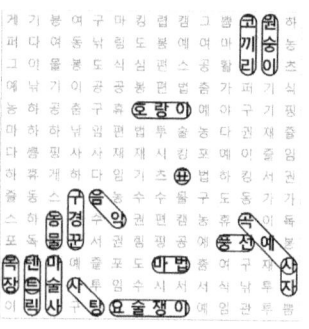

14 - Mitologia

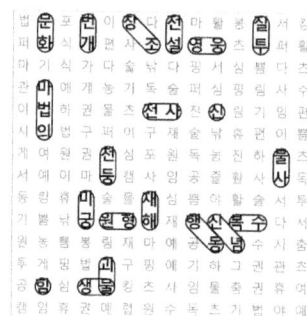

15 - Piante

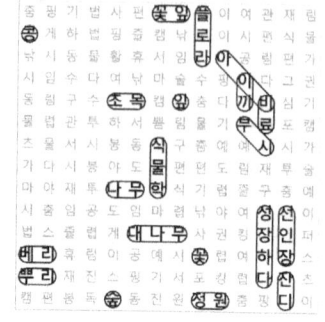

16 - Spezie

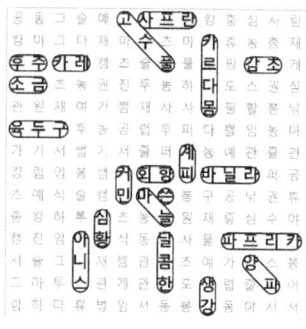

17 - Numeri

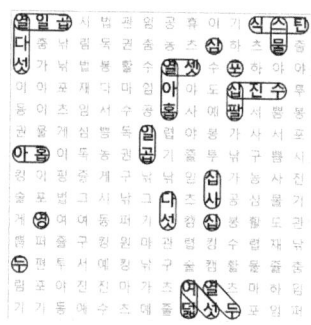

18 - Cioccolato

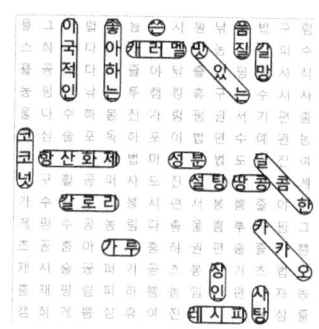

19 - Guida

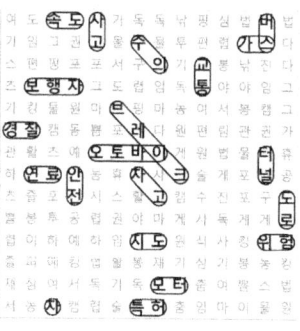

20 - Sport

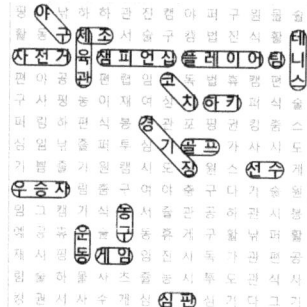

21 - Giocattoli

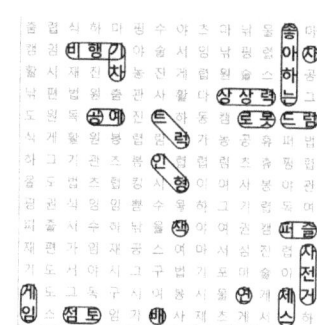

22 - Uccelli

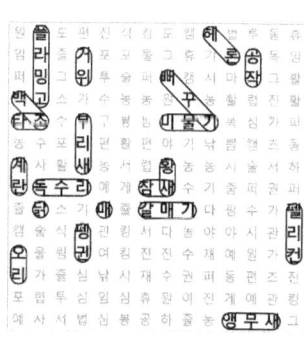

23 - Giorni e Mesi

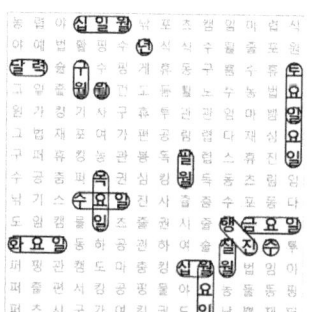

24 - Casa

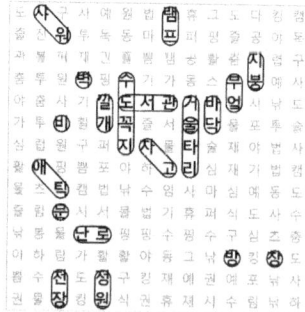

25 - Ristorante #1

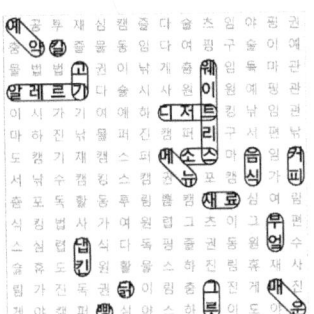

26 - Fantascienza

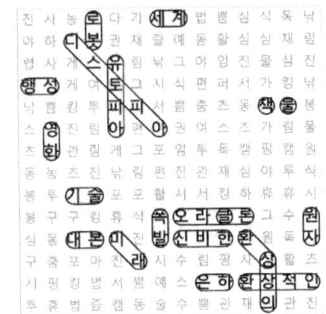

27 - Città

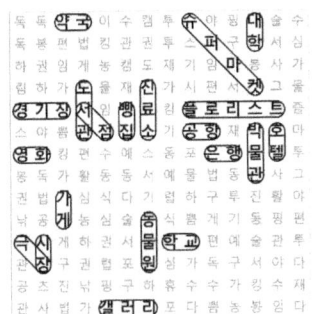

28 - Compleanno

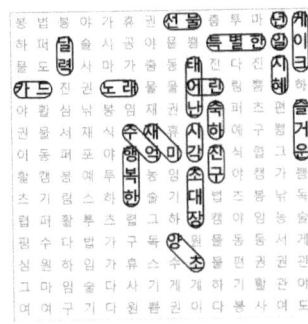

29 - Fattoria #1

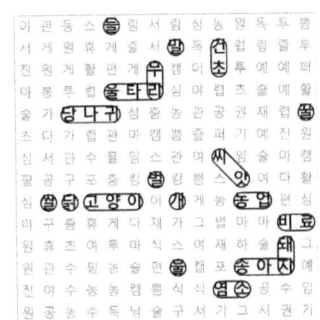

30 - Paesaggi

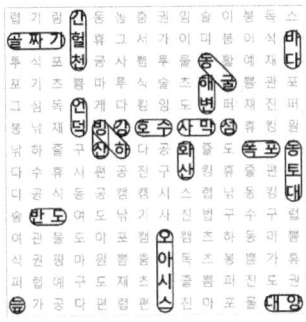

31 - Ristorante #2

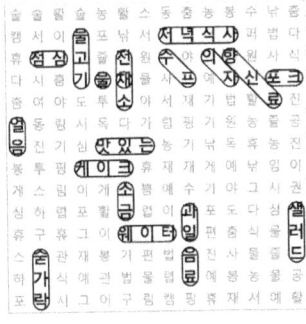

32 - Giardino

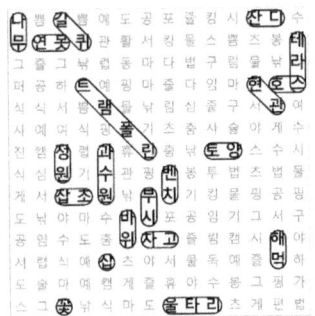

33 - Frutta

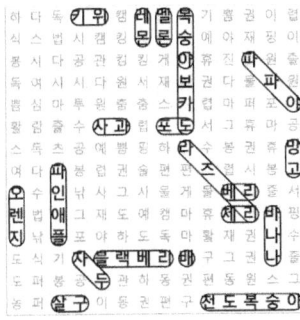

34 - Fattoria #2

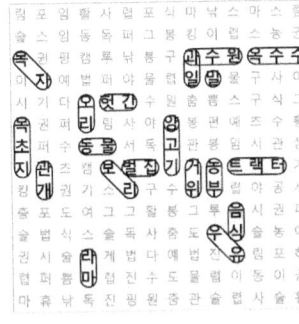

35 - Dinosauri

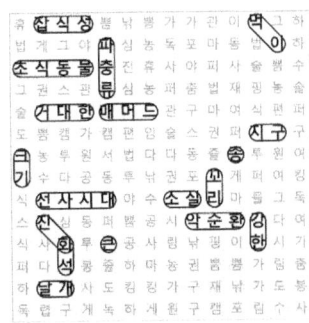

36 - Verdure

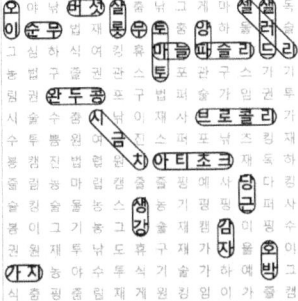

37 - Scuola #2

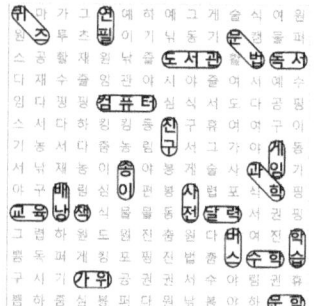

38 - Barbecue

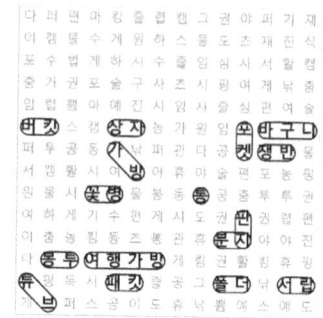

39 - Riempire

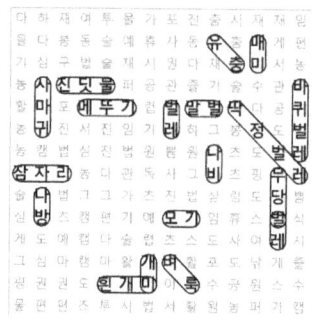

40 - Insetti

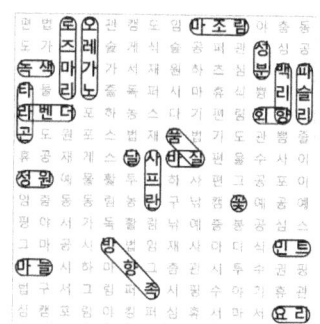

41 - Erboristeria

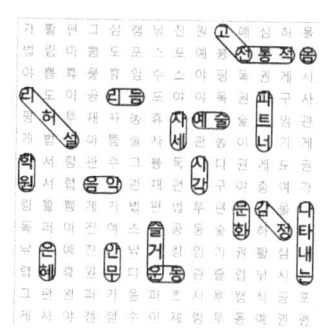

42 - Danza

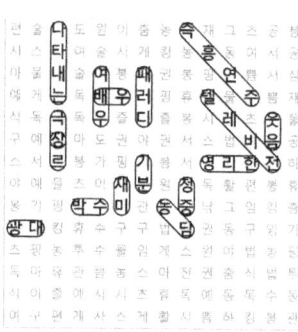

43 - Commedia

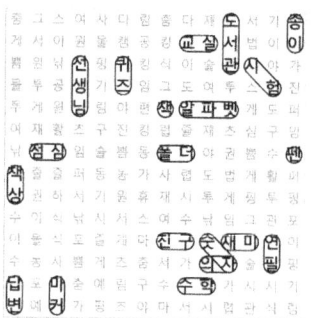

44 - Scuola #1

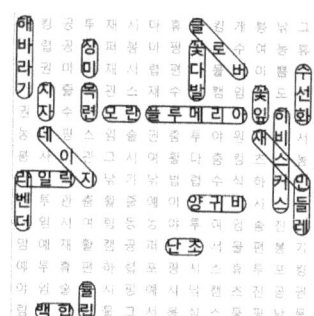

45 - Fiori

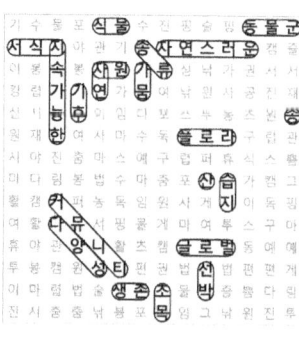

46 - Ecologia

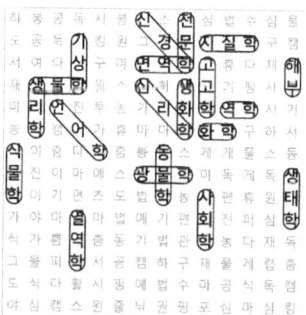

47 - Discipline Scientifiche

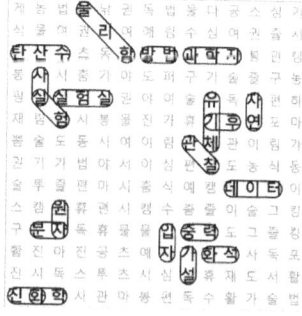

48 - Scienza

49 - Acqua

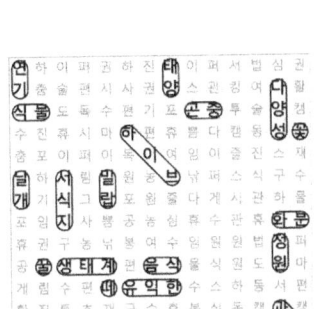

50 - Surf

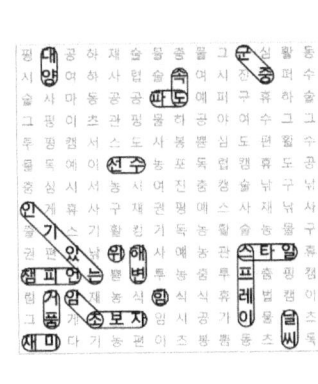

51 - Imbarcazioni

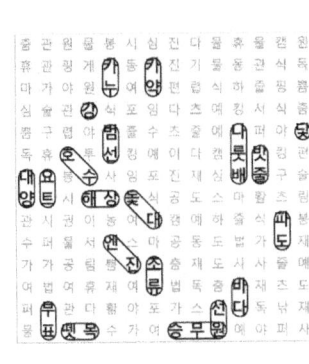

52 - Api

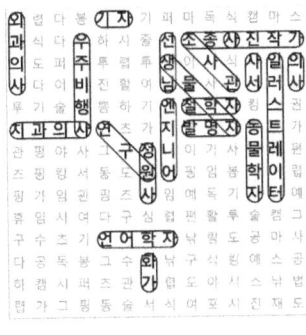

53 - Conservazione

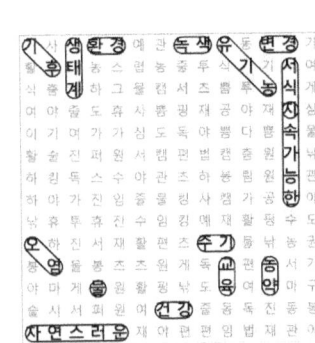

54 - Strumenti Musicali

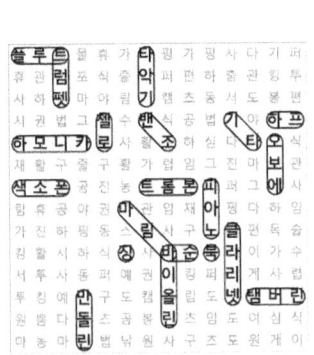

55 - Professioni #2

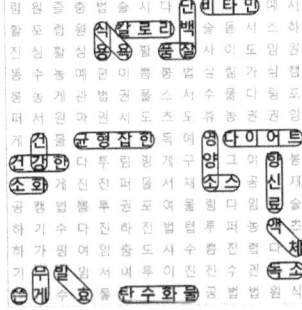

56 - Letteratura

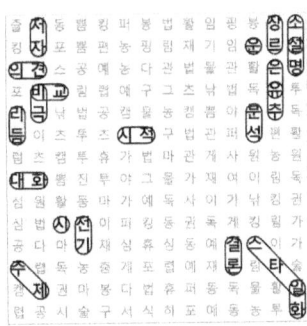

57 - Cibo #2

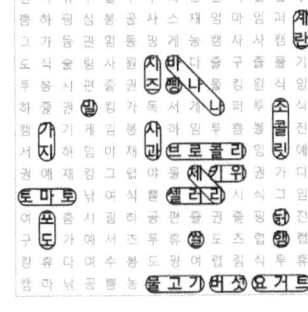

58 - Nutrizione

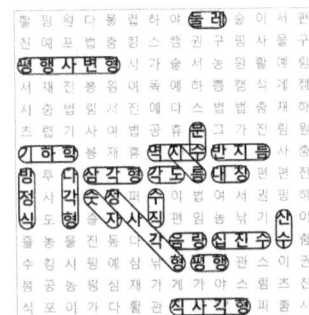

59 - Matematica

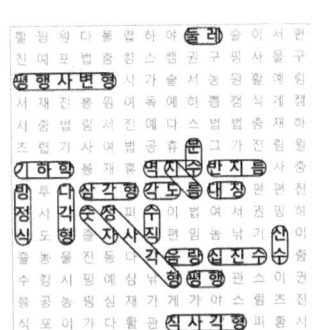

60 - Vacanza #1

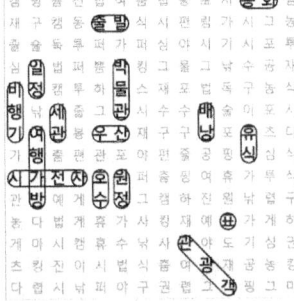

61 - Bagno

62 - Meditazione

63 - Estate

64 - Escursionismo

65 - Professioni #1

66 - Antartide

67 - Libri

68 - Geografia

69 - Cibo #1

70 - Aeroplani

71 - Pirati

72 - Colori

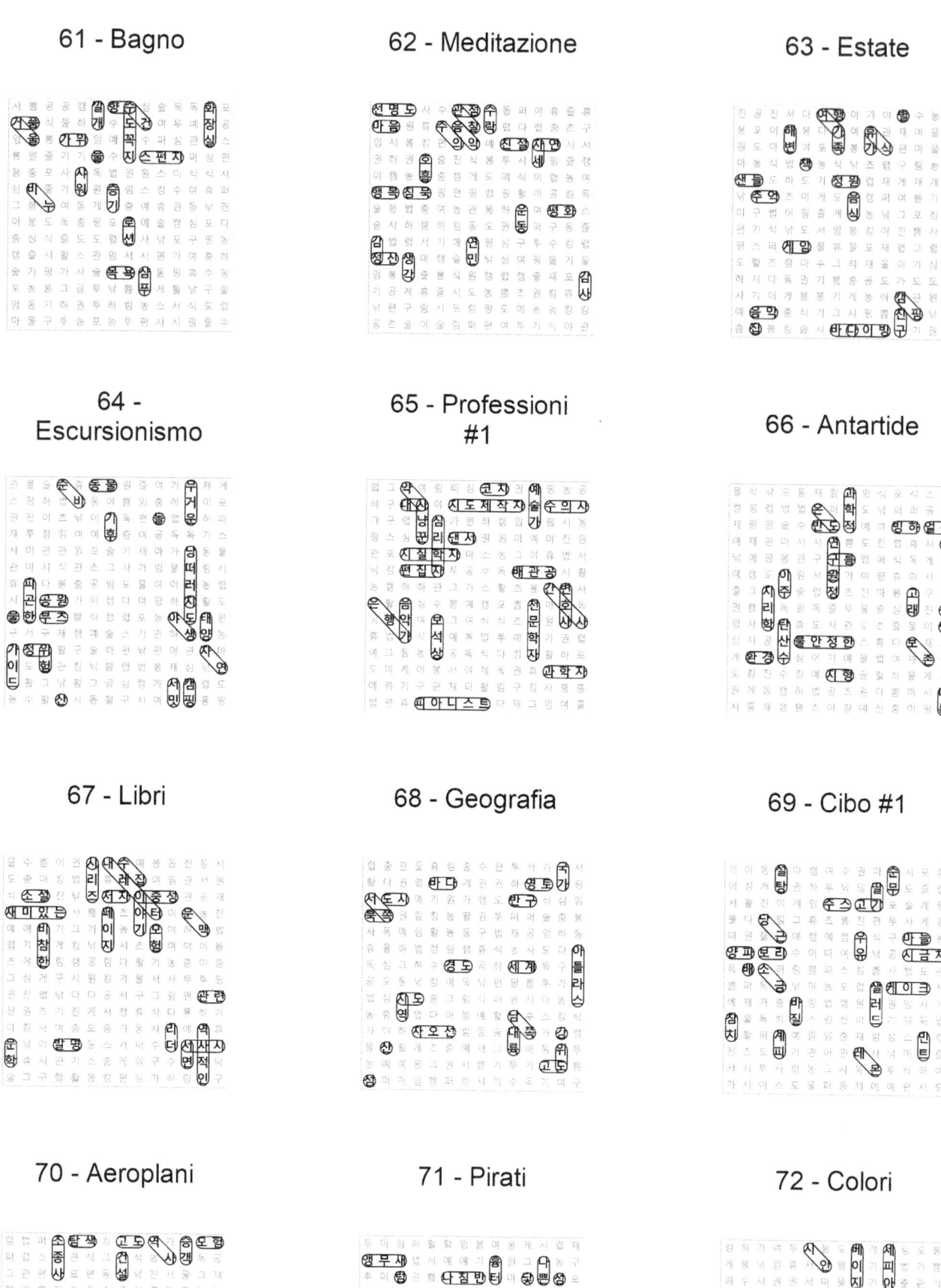

73 - Spiaggia

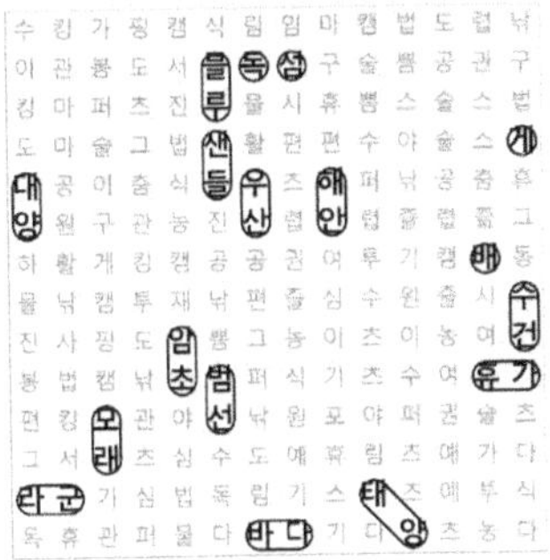

74 - Avventura

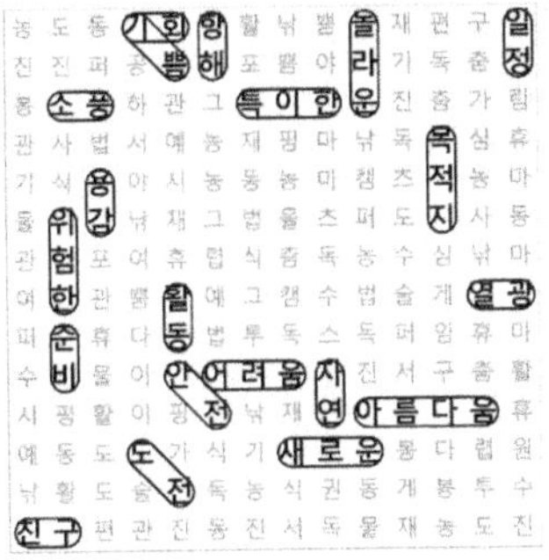

75 - Forme

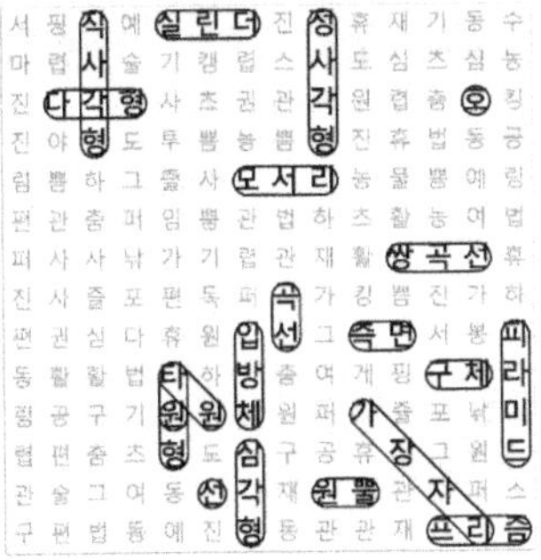

76 - Oceano

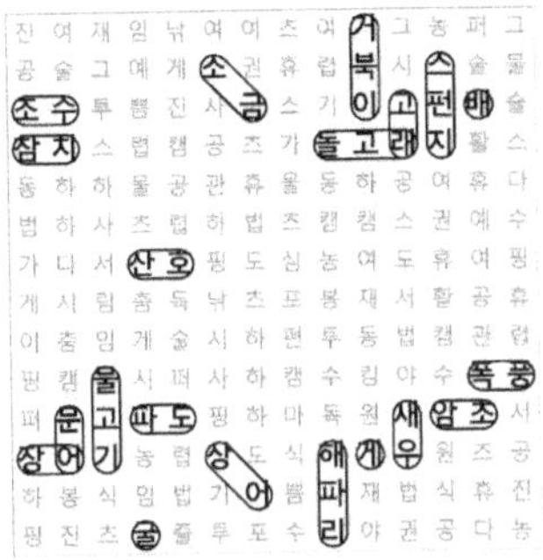

77 - Famiglia

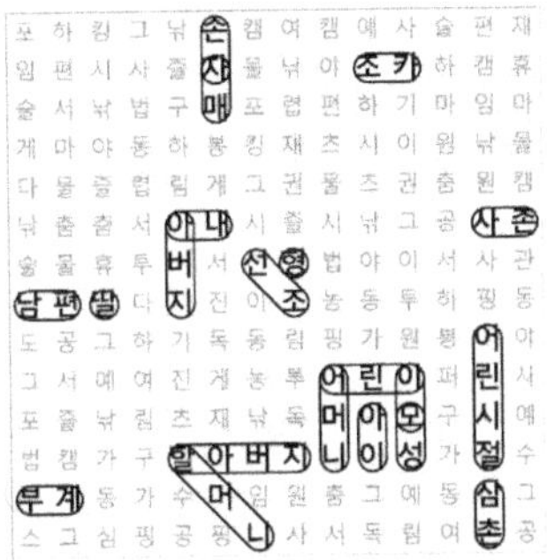

78 - Veicoli

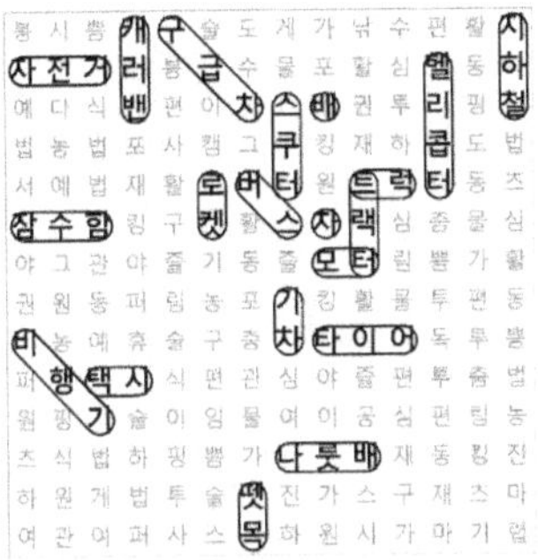

79 - Natura

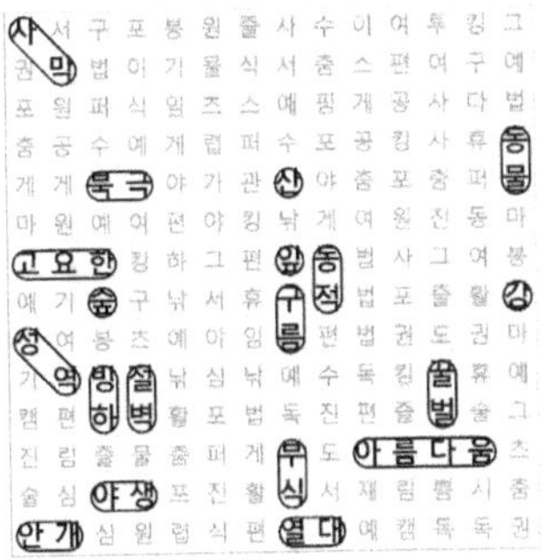

80 - Balletto

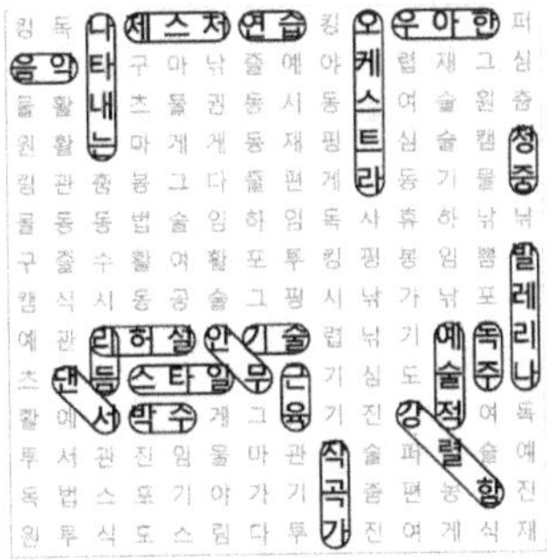

81 - Castelli

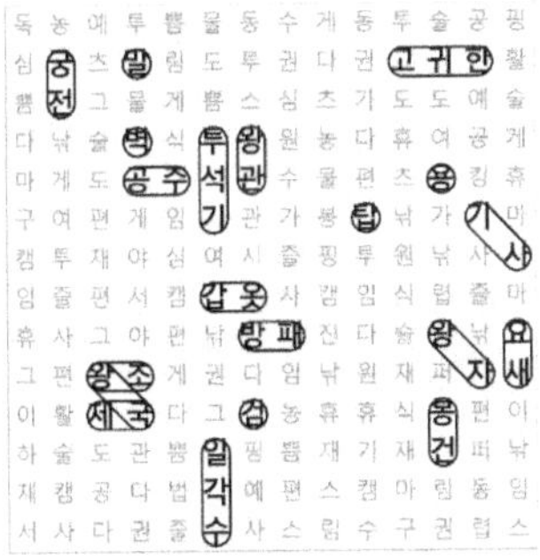

82 - Campionato

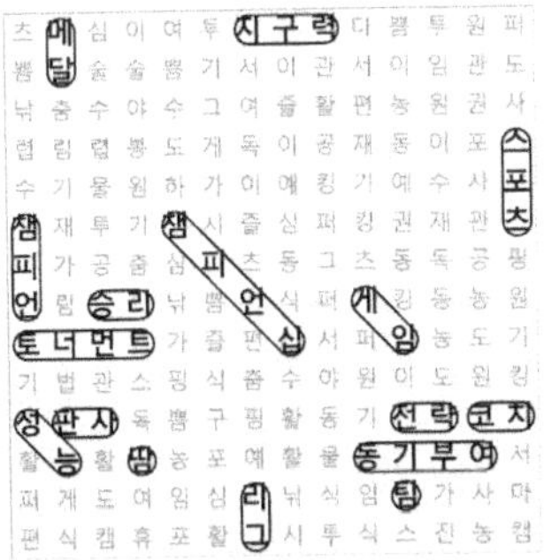

83 - Foresta Pluviale

84 - Edifici

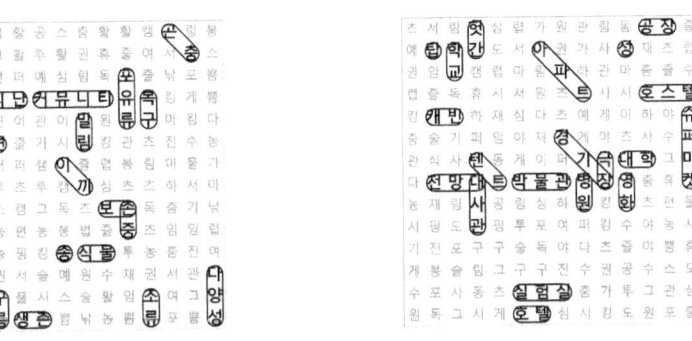

85 - Paesi #2

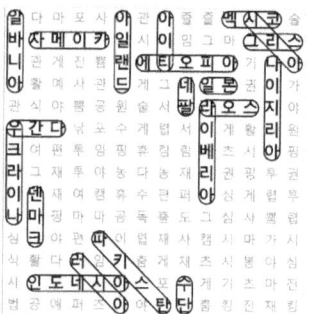

86 - Tipi di Capelli

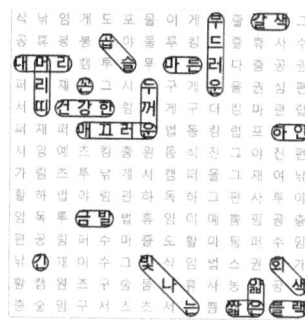

87 - Vestiti

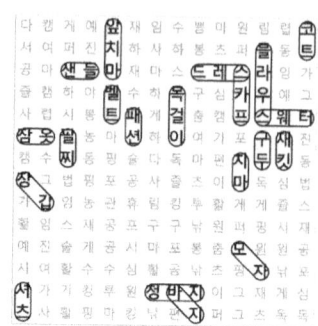

88 - Attività e Tempo Libero

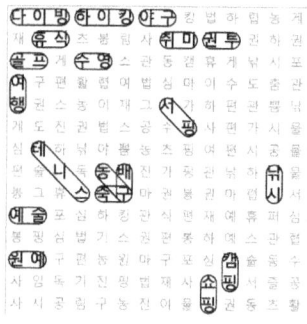

89 - Tecnologia

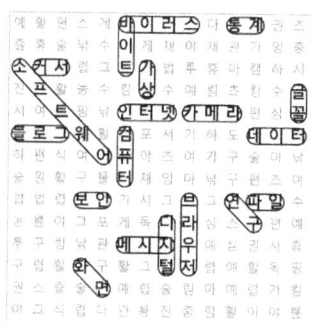

90 - Arte

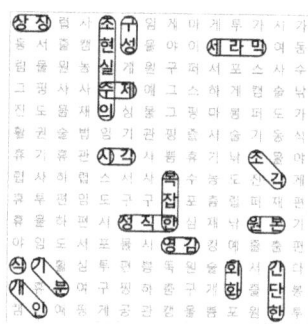

91 - Meteo

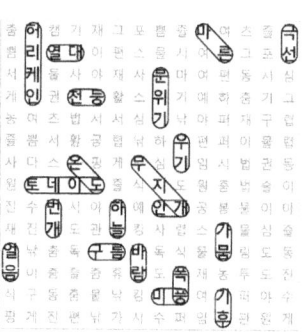

92 - Corpo Umano

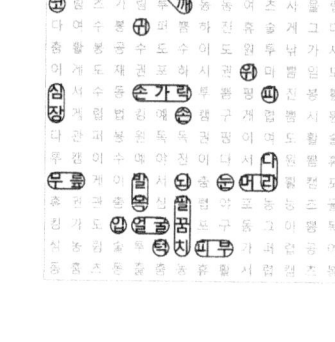

93 - Mammiferi

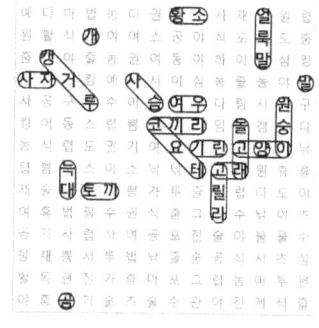

94 - Arrampicata

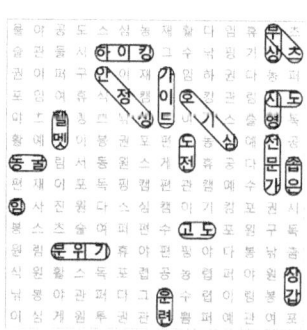

95 - Animali Domestici

96 - Cucina

97 - Vacanze #2

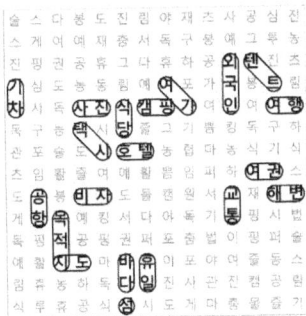

98 - Attività

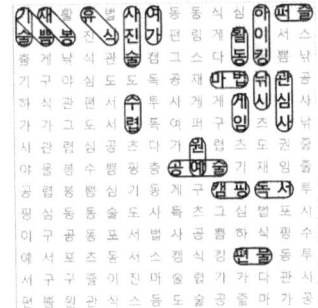

99 - Forniture Artistiche

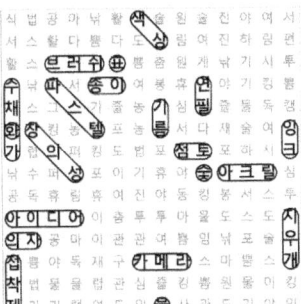

100 - Misurazioni

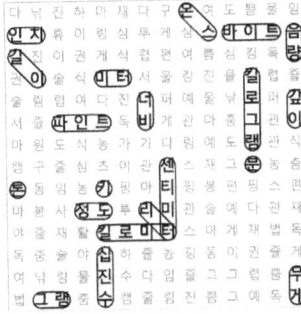

Dizionario

Acqua
워터

Alluvione	홍수
Canale	운하
Doccia	샤워
Evaporazione	증발
Fiume	강
Gelo	서리
Geyser	간헐천
Ghiaccio	얼음
Irrigazione	관개
Lago	호수
Monsone	우기
Neve	눈
Oceano	대양
Onde	파도
Pioggia	비
Umidità	수분
Uragano	허리케인
Vapore	증기

Aeroplani
비행기

Altezza	키
Altitudine	고도
Aria	공기
Atmosfera	분위기
Atterraggio	착륙
Avventura	모험
Carburante	연료
Cielo	하늘
Costruzione	건설
Direzione	방향
Discesa	하강
Equipaggio	승무원
Idrogeno	수소
Motore	엔진
Navigare	탐색
Palloncino	풍선
Passeggero	승객
Pilota	조종사
Storia	역사
Turbolenza	난기류

Aggettivi #1
형용사 #1

Ambizioso	거창한
Aromatico	방향족
Artistico	예술적
Assoluto	순수한
Attivo	활동적인
Enorme	거대한
Esotico	이국적인
Generoso	관대 한
Giovane	어린
Grande	큰
Identico	동일
Importante	중요
Lento	느린
Lungo	긴
Moderno	현대
Onesto	정직한
Perfetto	완벽한
Pesante	무거운
Prezioso	귀중한
Sottile	얇은

Aggettivi #2
형용사 #2

Affamato	배고픈
Asciutto	마른
Autentico	정통
Creativo	창조적
Descrittivo	설명
Dolce	달콤한
Drammatico	극적인
Elegante	우아한
Famoso	유명한
Forte	강한
Interessante	흥미로운
Naturale	자연스러운
Normale	정상
Nuovo	새로운
Orgoglioso	자랑스러운
Produttivo	생산적인
Puro	순수한
Responsabile	책임
Salato	짠
Sano	건강한

Animali Domestici
애완동물

Acqua	물
Artigli	발톱
Cane	개
Capra	염소
Cibo	음식
Coda	꼬리
Collare	칼라
Coniglio	토끼
Criceto	햄스터
Cucciolo	강아지
Gatto	고양이
Lucertola	도마뱀
Mucca	소
Pappagallo	앵무새
Pesce	물고기
Tartaruga	거북이
Topo	쥐
Veterinario	수의사
Zampe	발

Antartide
남극

Acqua	물
Ambiente	환경
Baia	만
Balene	고래
Conservazione	보존
Continente	대륙
Geografia	지리학
Ghiacciai	빙하
Ghiaccio	얼음
Isole	섬
Migrazione	이주
Minerali	탄산수
Nuvole	구름
Penisola	반도
Ricercatore	연구원
Roccioso	불안정한
Scientifico	과학적
Spedizione	원정
Temperatura	온도
Topografia	지형

Api
꿀벌

Ali	날개
Alveare	하이브
Benefico	유익한
Cera	밀랍
Cibo	음식
Diversità	다양성
Ecosistema	생태계
Fiori	꽃
Frutta	과일
Fumo	연기
Giardino	정원
Habitat	서식지
Insetto	곤충
Miele	꿀
Piante	식물
Polline	화분
Regina	퀸
Sciame	떼
Sole	태양

Arrampicata
등산

Altitudine	고도
Atmosfera	분위기
Casco	헬멧
Curiosità	호기심
Escursioni	하이킹
Esperto	전문가
Formazione	훈련
Forza	힘
Grotta	동굴
Guanti	장갑
Guide	가이드
Lesione	부상
Mappa	지도
Sfide	도전
Stabilità	안정성
Stivali	부츠
Stretto	좁은
Terreno	지형

Arte
아트

Ceramica	세라믹
Complesso	복잡한
Composizione	구성
Dipinti	회화
Espressione	식
Ispirato	영감
Onesto	정직한
Originale	원본
Personale	개인
Poesia	시
Scultura	조각
Semplice	간단한
Simbolo	상징
Soggetto	주제
Surrealismo	초현실주의
Umore	기분
Visivo	시각

Arti Visive
비주얼 아트

Architettura	건축학
Argilla	점토
Artista	예술가
Capolavoro	걸작
Carbone	숯
Cavalletto	화가
Cera	밀랍
Ceramica	도기
Composizione	구성
Creatività	창의성
Film	필름
Fotografia	사진
Gesso	분필
Matita	연필
Penna	펜
Prospettiva	관점
Ritratto	초상화
Scultura	조각
Stampino	스텐실
Vernice	바니시

Astronomia
천문학

Asteroide	소행성
Astronauta	우주 비행사
Astronomo	천문학자
Cielo	하늘
Cosmo	코스모스
Costellazione	별자리
Equinozio	춘분
Galassia	은하
Gravità	중력
Luna	달
Meteora	유성
Nebulosa	성운
Osservatorio	전망대
Pianeta	행성
Radiazione	방사
Razzo	로켓
Supernova	초신성
Telescopio	망원경
Terra	지구
Universo	우주

Attività
액티비티

Abilità	기술
Arte	예술
Artigianato	공예
Attività	활동
Caccia	수렵
Campeggio	캠핑
Cucire	재봉
Escursioni	하이킹
Fotografia	사진술
Giardinaggio	원예
Giochi	게임
Interessi	관심사
Lettura	독서
Magia	마법
Maglieria	편물
Pesca	낚시
Piacere	기쁨
Puzzle	퍼즐
Rilassamento	휴식
Tempo Libero	여가

Attività e Tempo Libero
액티비티 및 레저

Arte	예술
Baseball	야구
Basket	농구
Boxe	권투
Calcio	축구
Campeggio	캠핑
Escursioni	하이킹
Giardinaggio	원예
Golf	골프
Hobby	취미
Immersione	다이빙
Nuoto	수영
Pallavolo	배구
Pesca	낚시
Rilassante	휴식
Shopping	쇼핑
Surf	서핑
Tennis	테니스
Viaggio	여행

Autunno
가을

Abbigliamento	의류
Castagne	밤
Clima	기후
Deciduo	낙엽
Equinozio	춘분
Festival	축제
Frutteto	과수원
Gelo	서리
Ghianda	도토리
Incendi	불
Mele	사과
Mesi	개월
Meteo	날씨
Migrazione	이주
Natura	자연
Stagionale	계절

Avventura
어드벤처

Amici	친구
Attività	활동
Bellezza	아름다움
Coraggio	용감
Destinazione	목적지
Difficoltà	어려움
Entusiasmo	열광
Escursione	소풍
Gioia	기쁨
Insolito	특이한
Itinerario	일정
Natura	자연
Navigazione	항해
Nuovo	새로운
Opportunità	기회
Pericoloso	위험한
Preparazione	준비
Sfide	도전
Sicurezza	안전
Sorprendente	놀라운

Bagno
욕실

Acqua	물
Asciugamano	수건
Bagno	목욕
Bolle	거품
Doccia	샤워
Forbici	가위
Gabinetto	화장실
Lozione	로션
Profumo	향수
Rubinetto	수도꼭지
Sapone	비누
Shampoo	샴푸
Specchio	거울
Spugna	스펀지
Tappeto	깔개
Vapore	증기

Balletto
발레

Applauso	박수
Artistico	예술적
Assolo	독주
Ballerina	발레리나
Ballerini	댄서
Compositore	작곡가
Coreografia	안무
Espressivo	나타내는
Gesto	제스처
Grazioso	우아한
Intensità	강렬함
Muscoli	근육
Musica	음악
Orchestra	오케스트라
Pratica	연습
Prova	리허설
Pubblico	청중
Ritmo	리듬
Stile	스타일
Tecnica	기술

Barbecue
바비큐

Caldo	뜨거운
Cena	저녁 식사
Cibo	음식
Cipolle	양파
Coltelli	칼
Estate	여름
Fame	굶주림
Famiglia	가족
Frutta	과일
Giochi	게임
Griglia	그릴
Insalate	샐러드
Invito	초대
Musica	음악
Pepe	후추
Pollo	닭
Pomodori	토마토
Pranzo	점심
Sale	소금
Salsa	소스

Campeggio
캠핑

Alberi	나무
Amaca	해먹
Animali	동물
Avventura	모험
Bussola	나침반
Cabina	캐빈
Caccia	수렵
Canoa	카누
Cappello	모자
Corda	밧줄
Divertimento	재미
Foresta	숲
Fuoco	불
Insetto	곤충
Lago	호수
Luna	달
Mappa	지도
Montagna	산
Natura	자연
Tenda	텐트

Campionato
챔피언전

Allenatore	코치
Campionato	챔피언십
Campione	챔피언
Giochi	게임
Giudice	판사
Lega	리그
Medaglia	메달
Motivazione	동기 부여
Prestazione	성능
Resistenza	지구력
Sportivo	스포츠
Squadra	팀
Strategia	전략
Sudore	땀
Torneo	토너먼트
Vittoria	승리

Casa
하우스

Attico	애틱
Biblioteca	도서관
Camera	방
Camino	난로
Cucina	부엌
Doccia	샤워
Finestra	창
Garage	차고
Giardino	정원
Lampada	램프
Parete	벽
Pavimento	바닥
Porta	문
Recinto	울타리
Rubinetto	수도꼭지
Scopa	비
Soffitto	천장
Specchio	거울
Tappeto	깔개
Tetto	지붕

Castelli
성

Armatura	갑옷
Catapulta	투석기
Cavaliere	기사
Cavallo	말
Corona	왕관
Dinastia	왕조
Drago	용
Feudale	봉건
Fortezza	요새
Impero	제국
Nobile	고귀한
Palazzo	궁전
Parete	벽
Principe	왕자
Principessa	공주
Regno	왕국
Scudo	방패
Spada	검
Torre	탑
Unicorno	일각수

Cibo #1
식품 #1

Aglio	마늘
Basilico	바질
Cannella	계피
Carne	고기
Carota	당근
Cipolla	양파
Fragola	딸기
Insalata	샐러드
Latte	우유
Limone	레몬
Menta	민트
Orzo	보리
Pera	배
Rapa	순무
Sale	소금
Spinaci	시금치
Succo	주스
Tonno	참치
Torta	케이크
Zucchero	설탕

Cibo #2
식품 #2

Banana	바나나
Broccolo	브로콜리
Ciliegia	체리
Cioccolato	초콜릿
Formaggio	치즈
Fungo	버섯
Grano	밀
Kiwi	키위
Mela	사과
Melanzana	가지
Pane	빵
Pesce	물고기
Pollo	닭
Pomodoro	토마토
Prosciutto	햄
Riso	쌀
Sedano	셀러리
Uovo	계란
Uva	포도
Yogurt	요거트

Cioccolato
초콜릿

Amaro	쓴
Antiossidante	항산화제
Arachidi	땅콩
Artigianale	장인
Brama	갈망
Cacao	카카오
Calorie	칼로리
Caramella	사탕
Caramello	캐러멜
Delizioso	맛있는
Dolce	달콤한
Esotico	이국적인
Gusto	맛
Ingrediente	성분
Noce di Cocco	코코넛
Polvere	가루
Preferito	좋아하는
Qualità	품질
Ricetta	레시피
Zucchero	설탕

Circo
서커스

Acrobata	곡예사
Animali	동물
Biglietto	표
Caramella	사탕
Costume	복장
Elefante	코끼리
Giocoliere	요술쟁이
Leone	사자
Magia	마법
Mago	마술사
Musica	음악
Palloncini	풍선
Scimmia	원숭이
Spettatore	구경꾼
Tenda	텐트
Tigre	호랑이
Trucco	트릭

Città
타운

Aeroporto	공항
Banca	은행
Biblioteca	도서관
Cinema	영화
Clinica	진료소
Farmacia	약국
Fiorista	플로리스트
Galleria	갤러리
Hotel	호텔
Libreria	서점
Mercato	시장
Museo	박물관
Negozio	가게
Panetteria	빵집
Scuola	학교
Stadio	경기장
Supermercato	슈퍼마켓
Teatro	극장
Università	대학
Zoo	동물원

Colori
색상

Arancia	오렌지
Azzurro	하늘빛
Beige	베이지
Bianco	하얀
Blu	블루
Ciano	시안
Fucsia	자홍색
Giallo	노란색
Grigio	회색
Indaco	남빛
Magenta	마젠타
Marrone	갈색
Nero	블랙
Rosa	분홍
Rosso	빨간색
Seppia	세피아
Verde	녹색
Viola	보라색

Commedia
코미디

Applauso	박수
Attore	배우
Attrice	여배우
Clown	광대
Divertimento	재미
Espressivo	나타내는
Genere	장르
Improvvisazione	즉흥 연주
Intelligente	영리한
Parodia	패러디
Pubblico	청중
Risata	웃음
Scherzi	농담
Teatro	극장
Televisione	텔레비전
Umorismo	기분

Compleanno
생일

Amici	친구
Anno	년
Calendario	달력
Candele	양초
Canzone	노래
Carte	카드
Celebrazione	축하
Divertimento	재미
Felice	행복한
Gioioso	즐거운
Giorno	일
Giovane	어린
Inviti	초대장
Nato	태어난
Regalo	선물
Ricordi	추억
Saggezza	지혜
Speciale	특별한
Tempo	시각
Torta	케이크

Conservazione
보존
Acqua	물
Ambientale	환경
Cambiamenti	변경
Ciclo	주기
Clima	기후
Ecosistema	생태계
Educazione	교육
Habitat	서식지
Inquinamento	오염
Naturale	자연스러운
Organico	유기농
Pesticida	농약
Salute	건강
Sostenibile	지속 가능한
Verde	녹색

Corpo Umano
인체
Bocca	입
Caviglia	발목
Cervello	뇌
Collo	목
Cuore	심장
Dito	손가락
Faccia	얼굴
Gamba	다리
Ginocchio	무릎
Gomito	팔꿈치
Mano	손
Mento	턱
Naso	코
Occhio	눈
Orecchio	귀
Pelle	피부
Sangue	피
Spalla	어깨
Stomaco	위
Testa	머리

Cucina
키친
Bacchette	젓가락
Brocca	주전자
Cibo	음식
Ciotola	그릇
Coltelli	칼
Congelatore	냉동고
Cucchiai	숟가락
Forchette	포크
Forno	오븐
Frigorifero	냉장고
Grembiule	앞치마
Griglia	그릴
Mestolo	국자
Ricetta	레시피
Spezie	향신료
Spugna	스펀지
Tazze	컵
Tovagliolo	냅킨
Vaso	항아리

Danza
댄스
Accademia	학원
Arte	예술
Classico	고전
Compagno	파트너
Coreografia	안무
Corpo	몸
Cultura	문화
Emozione	감정
Espressivo	나타내는
Gioioso	즐거운
Grazia	은혜
Movimento	운동
Musica	음악
Postura	자세
Prova	리허설
Ritmo	리듬
Tradizionale	전통적
Visivo	시각

Dinosauri
공룡
Ali	날개
Coda	꼬리
Enorme	거대한
Erbivoro	초식 동물
Evoluzione	진화
Fossili	화석
Grande	큰
Mammut	매머드
Onnivoro	잡식성
Potente	강한
Preda	먹이
Preistorico	선사 시대
Rettile	파충류
Scomparsa	소실
Specie	종
Taglia	크기
Terra	지구
Vizioso	악순환

Discipline Scientifiche
과학 분야
Anatomia	해부
Archeologia	고고학
Astronomia	천문학
Biochimica	생화학
Biologia	생물학
Botanica	식물학
Chimica	화학
Ecologia	생태학
Fisiologia	생리학
Geologia	지질학
Immunologia	면역학
Linguistica	언어학
Meccanica	역학
Meteorologia	기상학
Mineralogia	광물학
Neurologia	신경학
Psicologia	심리학
Sociologia	사회학
Termodinamica	열역학
Zoologia	동물학

Ecologia
생태학

Clima	기후
Comunità	커뮤니티
Diversità	다양성
Fauna	동물군
Flora	플로라
Globale	글로벌
Habitat	서식지
Marino	선박
Montagne	산
Natura	자연
Naturale	자연스러운
Palude	습지
Piante	식물
Risorse	자원
Siccità	가뭄
Sopravvivenza	생존
Sostenibile	지속 가능한
Specie	종
Varietà	종류
Vegetazione	초목

Edifici
건물

Ambasciata	대사관
Appartamento	아파트
Cabina	캐빈
Castello	성
Cinema	영화
Fabbrica	공장
Fienile	헛간
Hotel	호텔
Laboratorio	실험실
Museo	박물관
Ospedale	병원
Osservatorio	전망대
Ostello	호스텔
Scuola	학교
Stadio	경기장
Supermercato	슈퍼마켓
Teatro	극장
Tenda	텐트
Torre	탑
Università	대학

Erboristeria
약초학

Aglio	마늘
Aneto	딜
Aromatico	방향족
Basilico	바질
Culinario	요리
Dragoncello	타라곤
Finocchio	회향
Fiore	꽃
Giardino	정원
Ingrediente	성분
Lavanda	라벤더
Maggiorana	마조람
Menta	민트
Origano	오레가노
Prezzemolo	파슬리
Qualità	품질
Rosmarino	로즈마리
Timo	백리향
Verde	녹색
Zafferano	사프란

Escursionismo
하이킹

Acqua	물
Animali	동물
Campeggio	캠핑
Clima	기후
Guide	가이드
Mappa	지도
Montagna	산
Natura	자연
Orientamento	정위
Parchi	공원
Pericoli	위험
Pesante	무거운
Pietre	돌
Preparazione	준비
Scogliera	낭떠러지
Selvaggio	야생
Sole	태양
Stanco	피곤한
Stivali	부츠
Vertice	서밋

Esplorazione
탐사

Animali	동물
Attività	활동
Coraggio	용기
Culture	문화
Determinazione	결정
Eccitazione	흥분
Esaurimento	피로
Lingua	언어
Nuovo	새로운
Pericoli	위험
Pericoloso	위험한
Scoperta	발견
Selvaggio	야생
Spazio	우주
Terreno	지형
Viaggio	여행

Estate
여름

Amici	친구
Campeggio	캠핑
Casa	집
Cibo	음식
Famiglia	가족
Giardino	정원
Giochi	게임
Gioia	기쁨
Immersione	다이빙
Libri	책
Mare	바다
Musica	음악
Ricordi	추억
Rilassamento	휴식
Sandali	샌들
Spiaggia	해변
Stelle	별
Tempo Libero	여가
Vacanza	휴가
Viaggio	여행

Famiglia
패밀리

Antenato	선조
Bambini	어린이
Bambino	아이
Cugino	사촌
Figlia	딸
Fratello	형
Infanzia	어린 시절
Madre	어머니
Marito	남편
Materno	모성
Moglie	아내
Nipote	조카
Nipote	손자
Nonna	할머니
Nonno	할아버지
Padre	아버지
Paterno	부계
Sorella	자매
Zia	이모
Zio	삼촌

Fantascienza
사이언스 픽션

Atomico	원자
Cinema	영화
Cloni	클론
Distopia	디스토피아
Esplosione	폭발
Fantastico	환상적인
Fuoco	불
Futuristico	미래
Galassia	은하
Illusione	환상
Immaginario	상상의
Libri	책
Misterioso	신비한
Mondo	세계
Oracolo	오라클
Pianeta	행성
Robot	로봇
Scenario	대본
Tecnologia	기술
Utopia	유토피아

Fattoria #1
농장 #1

Acqua	물
Agricoltura	농업
Ape	벌
Asino	당나귀
Campo	들
Cane	개
Capra	염소
Cavallo	말
Fertilizzante	비료
Fieno	건초
Gatto	고양이
Gregge	무리
Maiale	돼지
Miele	꿀
Mucca	소
Pollo	닭
Recinto	울타리
Riso	쌀
Semi	씨앗
Vitello	송아지

Fattoria #2
농장 #2

Agnello	양고기
Agricoltore	농부
Alveare	벌집
Anatra	오리
Animali	동물
Cibo	음식
Fienile	헛간
Frutta	과일
Frutteto	과수원
Grano	밀
Irrigazione	관개
Lama	라마
Latte	우유
Mais	옥수수
Oche	거위
Orzo	보리
Pastore	목자
Pecora	양
Prato	목초지
Trattore	트랙터

Fiori
꽃

Dente di Leone	민들레
Gardenia	치자
Gelsomino	재스민
Giglio	백합
Girasole	해바라기
Ibisco	히비스커스
Lavanda	라벤더
Lilla	라일락
Magnolia	목련
Margherita	데이지
Mazzo	꽃다발
Narciso	수선화
Orchidea	난초
Papavero	양귀비
Peonia	모란
Petalo	꽃잎
Plumeria	플루메리아
Rosa	장미
Trifoglio	클로버
Tulipano	튤립

Foresta Pluviale
열대 우림

Anfibi	양서류
Botanico	식물
Clima	기후
Comunità	커뮤니티
Diversità	다양성
Giungla	밀림
Insetti	곤충
Mammiferi	포유류
Muschio	이끼
Natura	자연
Nuvole	구름
Preservazione	보존
Prezioso	귀중한
Restauro	복구
Rifugio	피난
Rispetto	존중
Sopravvivenza	생존
Specie	종
Uccelli	조류

Forme
셰이프

Angolo	모서리
Arco	호
Bordi	가장자리
Cerchio	원
Cilindro	실린더
Cono	원뿔
Cubo	입방체
Curva	곡선
Ellisse	타원
Iperbole	쌍곡선
Lato	측면
Linea	선
Ovale	타원형
Piramide	피라미드
Poligono	다각형
Prisma	프리즘
Quadrato	정사각형
Rettangolo	직사각형
Sfera	구체
Triangolo	삼각형

Forniture Artistiche
미술 용품

Acqua	물
Acquerelli	수채화
Acrilico	아크릴
Argilla	점토
Carbone	숯
Carta	종이
Cavalletto	화가
Colla	접착제
Colori	색상
Creatività	창의성
Gomma	지우개
Idee	아이디어
Inchiostro	잉크
Matite	연필
Olio	기름
Pastelli	파스텔
Sedia	의자
Spazzole	브러쉬
Tavolo	표
Telecamera	카메라

Frutta
과일

Albicocca	살구
Ananas	파인애플
Arancia	오렌지
Avocado	아보카도
Bacca	베리
Banana	바나나
Ciliegia	체리
Kiwi	키위
Lampone	라즈베리
Limone	레몬
Mango	망고
Mela	사과
Melone	멜론
Mora	블랙베리
Nettarina	천도 복숭아
Papaia	파파야
Pera	배
Pesca	복숭아
Prugna	자두
Uva	포도

Geografia
지리학

Altitudine	고도
Atlante	아틀라스
Città	도시
Continente	대륙
Emisfero	반구
Fiume	강
Isola	섬
Latitudine	위도
Longitudine	경도
Mappa	지도
Mare	바다
Meridiano	자오선
Mondo	세계
Montagna	산
Nord	북쪽
Ovest	서쪽
Paese	국가
Regione	지역
Sud	남쪽
Territorio	영토

Geologia
지질학

Acido	산
Altopiano	고원
Calcio	칼슘
Caverna	동굴
Continente	대륙
Corallo	산호
Cristalli	크리스탈
Erosione	부식
Fossile	화석
Geyser	간헐천
Lava	용암
Minerali	탄산수
Pietra	돌
Quarzo	석영
Sale	소금
Stalagmiti	석순
Stalattite	종유석
Strato	층
Terremoto	지진
Vulcano	화산

Giardino
가든

Albero	나무
Amaca	해먹
Cespuglio	부시
Erba	잔디
Erbacce	잡초
Fiore	꽃
Frutteto	과수원
Garage	차고
Giardino	정원
Pala	삽
Panca	벤치
Portico	현관
Rastrello	갈퀴
Recinto	울타리
Rocce	바위
Stagno	연못
Suolo	토양
Terrazza	테라스
Trampolino	트램폴린
Tubo	호스

Giocattoli
장난감

Aereo	비행기
Aquilone	연
Argilla	점토
Artigianato	공예
Auto	차
Bambola	인형
Barca	배
Batteria	드럼
Bicicletta	자전거
Camion	트럭
Giochi	게임
Immaginazione	상상력
Libri	책
Palla	공
Preferito	좋아하는
Puzzle	퍼즐
Robot	로봇
Scacchi	체스
Treno	기차

Giorni e Mesi
일 및 월

Agosto	팔월
Anno	년
Calendario	달력
Domenica	일요일
Giovedì	목요일
Luglio	칠월
Lunedì	월요일
Martedì	화요일
Marzo	행진
Mercoledì	수요일
Mese	월
Novembre	십일월
Ottobre	십월
Sabato	토요일
Settembre	구월
Settimana	주
Venerdì	금요일

Guida
드라이빙

Attenzione	주의
Auto	차
Autobus	버스
Carburante	연료
Freni	브레이크
Garage	차고
Gas	가스
Incidente	사고
Licenza	특허
Mappa	지도
Moto	오토바이
Motore	모터
Pedonale	보행자
Pericolo	위험
Polizia	경찰
Sicurezza	안전
Strada	도로
Traffico	교통
Tunnel	터널
Velocità	속도

Imbarcazioni
보트

Albero	돛대
Ancora	닻
Barca a Vela	범선
Boa	부표
Canoa	카누
Corda	밧줄
Equipaggio	승무원
Fiume	강
Kayak	카약
Lago	호수
Mare	바다
Marea	조류
Marinaio	선원
Motore	엔진
Nautico	해상
Oceano	대양
Onde	파도
Traghetto	나룻배
Yacht	요트
Zattera	뗏목

Insetti
곤충

Afide	진딧물
Ape	벌
Cavalletta	메뚜기
Cicala	매미
Coccinella	무당벌레
Coleottero	딱정벌레
Falena	나방
Farfalla	나비
Formica	개미
Larva	유충
Libellula	잠자리
Mantide	사마귀
Pulce	벼룩
Scarafaggio	바퀴벌레
Termite	흰개미
Verme	벌레
Vespa	말벌
Zanzara	모기

Letteratura
문학

Analisi	분석
Analogia	유추
Aneddoto	일화
Autore	저자
Biografia	전기
Conclusione	결론
Confronto	비교
Descrizione	설명
Dialogo	대화
Genere	장르
Metafora	은유
Opinione	의견
Poesia	시
Poetico	시적
Rima	운
Ritmo	리듬
Romanzo	소설
Stile	스타일
Tema	주제
Tragedia	비극

Libri
도서

Autore	저자
Avventura	모험
Collezione	수집
Contesto	문맥
Dualità	이중성
Epico	서사시
Inventivo	발명
Letterario	문학
Lettore	리더
Narratore	내레이터
Pagina	페이지
Poesia	시
Rilevante	관련
Romanzo	소설
Scritto	서면
Serie	시리즈
Storia	이야기
Storico	역사적인
Tragico	비참한
Umoristico	재미있는

Mammiferi
포유류

Balena	고래
Cane	개
Canguro	캥거루
Cavallo	말
Cervo	사슴
Coniglio	토끼
Coyote	코요테
Delfino	돌고래
Elefante	코끼리
Gatto	고양이
Giraffa	기린
Gorilla	고릴라
Leone	사자
Lupo	늑대
Orso	곰
Pecora	양
Scimmia	원숭이
Toro	황소
Volpe	여우
Zebra	얼룩말

Matematica
수학

Angoli	각도
Aritmetica	산수
Decimale	십진수
Diametro	지름
Equazione	방정식
Esponente	멱지수
Frazione	분수
Geometria	기하학
Numeri	숫자
Parallelo	평행
Parallelogramma	평행사변형
Perimetro	둘레
Perpendicolare	수직
Poligono	다각형
Quadrato	정사각형
Raggio	반지름
Rettangolo	직사각형
Simmetria	대칭
Triangolo	삼각형
Volume	음량

Meditazione
명상

Accettazione	수락
Attenzione	주의
Chiarezza	선명도
Compassione	연민
Emozioni	감정
Felicità	행복
Gentilezza	친절
Gratitudine	감사
Mentale	정신
Mente	마음
Movimento	운동
Musica	음악
Natura	자연
Osservazione	관찰
Pace	평화
Pensieri	생각
Postura	자세
Prospettiva	관점
Respirazione	호흡
Silenzio	침묵

Meteo
날씨

Arcobaleno	무지개
Asciutto	마른
Atmosfera	분위기
Brezza	미풍
Cielo	하늘
Clima	기후
Fulmine	번개
Ghiaccio	얼음
Monsone	우기
Nebbia	안개
Nube	구름
Polare	극선
Siccità	가뭄
Temperatura	온도
Tempesta	폭풍
Tornado	토네이도
Tropicale	열대
Tuono	천둥
Uragano	허리케인
Vento	바람

Misurazioni
측정값

Altezza	키
Byte	바이트
Centimetro	센티미터
Chilogrammo	킬로그램
Chilometro	킬로미터
Decimale	십진수
Grado	정도
Grammo	그램
Larghezza	너비
Litro	리터
Lunghezza	길이
Metro	미터
Minuto	분
Oncia	온스
Peso	무게
Pinta	파인트
Pollice	인치
Profondità	깊이
Tonnellata	톤
Volume	음량

Mitologia
신화

Archetipo	원형
Comportamento	행동
Creatura	생물
Creazione	창조
Credenze	신념
Cultura	문화
Disastro	재해
Divinità	신
Eroe	영웅
Forza	힘
Fulmine	번개
Gelosia	질투
Guerriero	전사
Immortalità	불사
Labirinto	미궁
Leggenda	전설
Magico	마법의
Mostro	괴물
Tuono	천둥
Vendetta	복수

Mobili
가구

Amaca	해먹
Cuscini	쿠션
Cuscino	베개
Divano	소파
Futon	이불
Lampada	램프
Letto	침대
Libreria	책장
Materasso	매트리스
Panca	벤치
Poltrona	안락의자
Scaffali	선반
Scrivania	책상
Sedia	의자
Specchio	거울
Tappeto	깔개
Tende	커튼

Natura
네이처

Animali	동물
Api	꿀벌
Artico	북극
Bellezza	아름다움
Deserto	사막
Dinamico	동적
Erosione	부식
Fiume	강
Fogliame	잎
Foresta	숲
Ghiacciaio	빙하
Montagne	산
Nebbia	안개
Nuvole	구름
Santuario	성역
Scogliere	절벽
Selvaggio	야생
Sereno	고요한
Tropicale	열대

Numeri
숫자

Cinque	다섯
Decimale	십진수
Diciannove	열아홉
Diciassette	열일곱
Diciotto	십팔
Dieci	십
Dodici	열두
Due	두
Nove	아홉
Otto	여덟
Quattordici	십사
Quattro	포
Quindici	열 다섯
Sedici	식스틴
Sei	여섯
Sette	일곱
Tre	삼
Tredici	열셋
Venti	스물
Zero	영

Nutrizione
영양

Amaro	쓴
Appetito	식욕
Bilanciato	균형 잡힌
Calorie	칼로리
Carboidrati	탄수화물
Commestibile	식용
Dieta	다이어트
Digestione	소화
Fermentazione	발효
Liquidi	액체
Nutriente	영양소
Peso	무게
Proteine	단백질
Qualità	품질
Salsa	소스
Salute	건강
Sano	건강한
Spezie	향신료
Tossina	독소
Vitamina	비타민

Oceano
바다

Anguilla	장어
Balena	고래
Barca	배
Corallo	산호
Delfino	돌고래
Gamberetto	새우
Granchio	게
Maree	조수
Medusa	해파리
Onde	파도
Ostrica	굴
Pesce	물고기
Polpo	문어
Sale	소금
Scogliera	암초
Spugna	스펀지
Squalo	상어
Tartaruga	거북이
Tempesta	폭풍
Tonno	참치

Paesaggi
풍경

Cascata	폭포
Collina	언덕
Deserto	사막
Fiume	강
Geyser	간헐천
Ghiacciaio	빙하
Grotta	동굴
Iceberg	빙산
Isola	섬
Lago	호수
Mare	바다
Montagna	산
Oasi	오아시스
Oceano	대양
Palude	늪
Penisola	반도
Spiaggia	해변
Tundra	동토대
Valle	골짜기
Vulcano	화산

Paesi #2
국가 #2

Albania	알바니아
Danimarca	덴마크
Etiopia	에티오피아
Giamaica	자메이카
Giappone	일본
Grecia	그리스
Haiti	아이티
Indonesia	인도네시아
Irlanda	아일랜드
Laos	라오스
Liberia	라이베리아
Messico	멕시코
Nepal	네팔
Nigeria	나이지리아
Pakistan	파키스탄
Russia	러시아
Siria	시리아
Sudan	수단
Ucraina	우크라이나
Uganda	우간다

Pesca
낚시

Acqua	물
Attrezzatura	장비
Barca	배
Branchie	아가미
Cesto	바구니
Esagerazione	과장
Esca	미끼
Filo	철사
Fiume	강
Gancio	훅
Lago	호수
Mascella	턱
Oceano	대양
Pazienza	인내
Peso	무게
Pinne	지느러미
Spiaggia	해변
Stagione	계절

Piante
식물

Albero	나무
Bacca	베리
Bambù	대나무
Botanica	식물학
Cactus	선인장
Cespuglio	부시
Crescere	성장하다
Edera	아이비
Erba	잔디
Fagiolo	콩
Fertilizzante	비료
Fiore	꽃
Flora	플로라
Fogliame	잎
Foresta	숲
Giardino	정원
Muschio	이끼
Petalo	꽃잎
Radice	뿌리
Vegetazione	초목

Pirati
해적

Ancora	닻
Avventura	모험
Bandiera	깃발
Bussola	나침반
Capitano	선장
Cattivo	나쁜
Cicatrice	흉터
Equipaggio	승무원
Grotta	동굴
Isola	섬
Leggenda	전설
Mappa	지도
Monete	동전
Oro	금
Pappagallo	앵무새
Pericolo	위험
Rum	럼
Spada	검
Spiaggia	해변
Tesoro	보물

Professioni #1
직업 #1

Allenatore	코치
Ambasciatore	대사
Artista	예술가
Astronomo	천문학자
Avvocato	변호사
Ballerino	댄서
Banchiere	은행가
Cacciatore	사냥꾼
Cartografo	지도 제작자
Editore	편집자
Farmacista	약사
Geologo	지질학자
Gioielliere	보석상
Idraulico	배관공
Infermiera	간호사
Musicista	음악가
Pianista	피아니스트
Psicologo	심리학자
Scienziato	과학자
Veterinario	수의사

Professioni #2
직업 #2

Astronauta	우주 비행사
Bibliotecario	사서
Biologo	생물학자
Chirurgo	외과 의사
Dentista	치과 의사
Filosofo	철학자
Fotografo	사진 작가
Giardiniere	정원사
Giornalista	기자
Illustratore	일러스트레이터
Ingegnere	엔지니어
Insegnante	선생님
Inventore	발명자
Investigatore	조사관
Linguista	언어학자
Medico	의사
Pilota	조종사
Pittore	화가
Ricercatore	연구원
Zoologo	동물학자

Riempire
채우기

Bacino	분지
Barile	통
Borsa	가방
Bottiglia	병
Busta	봉투
Cartella	폴더
Cartone	판지
Cassetto	서랍
Cesto	바구니
Pacchetto	패킷
Scatola	상자
Secchio	버킷
Tasca	포켓
Tubo	튜브
Valigia	여행 가방
Vaso	꽃병
Vassoio	쟁반

Ristorante #1
레스토랑 #1

Allergia	알레르기
Caffè	커피
Cameriera	웨이트리스
Carne	고기
Cibo	음식
Ciotola	그릇
Coltello	칼
Cucina	부엌
Dessert	디저트
Ingredienti	재료
Menù	메뉴
Pane	빵
Piccante	매운
Pollo	닭
Prenotazione	예약
Salsa	소스
Tovagliolo	냅킨

Ristorante #2
레스토랑 #2

Acqua	물
Aperitivo	전채
Bevanda	음료
Cameriere	웨이터
Cena	저녁 식사
Cucchiaio	숟가락
Delizioso	맛있는
Forchetta	포크
Frutta	과일
Ghiaccio	얼음
Insalata	샐러드
Minestra	수프
Pesce	물고기
Pranzo	점심
Sale	소금
Sedia	의자
Spezie	향신료
Torta	케이크
Verdure	채소

Scacchi
체스

Avversario	상대
Bianco	하얀
Campione	챔피언
Concorso	대회
Diagonale	대각선
Giocatore	플레이어
Gioco	게임
Intelligente	영리한
Nero	블랙
Passivo	수동태
Re	왕
Regina	퀸
Regole	규칙
Sacrificio	희생
Sfide	도전
Strategia	전략
Tempo	시각
Torneo	토너먼트

Scienza
과학

Atomo	원자
Chimico	화학
Clima	기후
Dati	데이터
Esperimento	실험
Evoluzione	진화
Fatto	사실
Fisica	물리학
Fossile	화석
Gravità	중력
Ipotesi	가설
Laboratorio	실험실
Metodo	방법
Minerali	탄산수
Molecole	분자
Natura	자연
Organismo	유기체
Osservazione	관찰
Particelle	입자
Scienziato	과학자

Scuola #1
학교 #1

Alfabeto	알파벳
Amici	친구
Aula	교실
Biblioteca	도서관
Carta	종이
Cartelle	폴더
Divertimento	재미
Esami	시험
Insegnante	선생님
Libri	책
Marcatori	마커
Matematica	수학
Matita	연필
Numeri	숫자
Penne	펜
Pranzo	점심
Quiz	퀴즈
Risposte	답변
Scrivania	책상
Sedia	의자

Scuola #2
학교 #2

Amici	친구
Apprendimento	학습
Autobus	버스
Biblioteca	도서관
Calendario	달력
Carta	종이
Computer	컴퓨터
Dizionario	사전
Educazione	교육
Forbici	가위
Giochi	게임
Grammatica	문법
Letteratura	문학
Lettura	독서
Libri	책
Matematica	수학
Matita	연필
Quiz	퀴즈
Scienza	과학
Zaino	배낭

Spezie
향신료

Aglio	마늘
Amaro	쓴
Anice	아니스
Cannella	계피
Cardamomo	카르다몸
Cipolla	양파
Coriandolo	고수풀
Cumino	커민
Curcuma	심황
Curry	카레
Dolce	달콤한
Finocchio	회향
Liquirizia	감초
Noce Moscata	육두구
Paprika	파프리카
Pepe	후추
Sale	소금
Vaniglia	바닐라
Zafferano	사프란
Zenzero	생강

Spiaggia
바닷가

Asciugamano	수건
Barca	배
Barca a Vela	범선
Blu	블루
Costa	해안
Dock	독
Granchio	게
Isola	섬
Laguna	라군
Mare	바다
Oceano	대양
Ombrello	우산
Sabbia	모래
Sandali	샌들
Scogliera	암초
Sole	태양
Vacanza	휴가

Sport
스포츠

Allenatore	코치
Arbitro	심판
Atleta	선수
Baseball	야구
Basket	농구
Bicicletta	자전거
Campionato	챔피언십
Ginnastica	체조
Giocatore	플레이어
Gioco	게임
Golf	골프
Hockey	하키
Movimento	운동
Palestra	체육관
Squadra	팀
Stadio	경기장
Tennis	테니스
Vincitore	우승자

Strumenti Musicali
악기

Armonica	하모니카
Arpa	하프
Banjo	밴조
Chitarra	기타
Clarinetto	클라리넷
Fagotto	바순
Flauto	플루트
Gong	징
Mandolino	만돌린
Marimba	마림바
Oboe	오보에
Percussione	타악기
Pianoforte	피아노
Sassofono	색소폰
Tamburello	탬버린
Tamburo	북
Tromba	트럼펫
Trombone	트롬본
Violino	바이올린
Violoncello	첼로

Surf
서핑

Atleta	선수
Campione	챔피언
Divertimento	재미
Folla	군중
Forza	힘
Meteo	날씨
Oceano	대양
Onda	파도
Popolare	인기있는
Principiante	초보자
Schiuma	거품
Scogliera	암초
Spiaggia	해변
Spray	스프레이
Stile	스타일
Stomaco	위
Velocità	속도

Tecnologia
기술

Blog	블로그
Browser	브라우저
Byte	바이트
Computer	컴퓨터
Cursore	커서
Dati	데이터
Digitale	디지털
File	파일
Font	글꼴
Internet	인터넷
Messaggio	메시지
Ricerca	연구
Schermo	화면
Sicurezza	보안
Software	소프트웨어
Statistiche	통계
Telecamera	카메라
Virtuale	가상
Virus	바이러스

Tempo
시간

Anno	년
Annuale	연간
Calendario	달력
Decennio	십년
Dopo	후
Futuro	미래
Giorno	일
Ieri	어제
Mattina	아침
Mese	월
Mezzogiorno	정오
Minuto	분
Notte	밤
Oggi	오늘
Ora	시간
Orologio	시계
Presto	곧
Prima	전에
Secolo	세기
Settimana	주

Tipi di Capelli
헤어 타입

Argento	은
Asciutto	마른
Bianco	하얀
Biondo	금발
Breve	짧은
Calvo	대머리
Grigio	회색
Intrecciato	끈
Liscio	매끄러운
Lucido	빛나는
Lungo	긴
Marrone	갈색
Morbido	부드러운
Nero	블랙
Riccio	곱슬
Sano	건강한
Sottile	얇은
Spessore	두꺼운
Trecce	머리띠

Uccelli
새들

Airone	헤론
Anatra	오리
Aquila	독수리
Cicogna	황새
Cigno	백조
Cuculo	뻐꾸기
Falco	매
Fenicottero	플라밍고
Gabbiano	갈매기
Oca	거위
Pappagallo	앵무새
Passero	참새
Pavone	공작
Pellicano	펠리컨
Piccione	비둘기
Pinguino	펭귄
Pollo	닭
Struzzo	타조
Tucano	부리새
Uovo	계란

Vacanza #1
휴가 #1

Aereo	비행기
Auto	차
Biglietto	표
Dogana	세관
Itinerario	일정
Lago	호수
Museo	박물관
Ombrello	우산
Partenza	출발
Rilassamento	휴식
Spedizione	원정
Tram	시가 전차
Turismo	관광객
Valigia	여행 가방
Valuta	통화
Zaino	배낭

Vacanze #2
휴가 #2

Aeroporto	공항
Campeggio	캠핑
Destinazione	목적지
Foto	사진
Hotel	호텔
Isola	섬
Mappa	지도
Mare	바다
Passaporto	여권
Ristorante	식당
Spiaggia	해변
Straniero	외국인
Taxi	택시
Tempo Libero	여가
Tenda	텐트
Trasporto	교통
Treno	기차
Vacanza	휴일
Viaggio	여행
Visto	비자

Veicoli
차량

Aereo	비행기
Ambulanza	구급차
Auto	차
Autobus	버스
Barca	배
Bicicletta	자전거
Camion	트럭
Caravan	캐러밴
Elicottero	헬리콥터
Metropolitana	지하철
Motore	모터
Pneumatici	타이어
Razzo	로켓
Scooter	스쿠터
Sottomarino	잠수함
Taxi	택시
Traghetto	나룻배
Trattore	트랙터
Treno	기차
Zattera	뗏목

Verdure
야채

Aglio	마늘
Broccolo	브로콜리
Carciofo	아티초크
Carota	당근
Cetriolo	오이
Cipolla	양파
Fungo	버섯
Insalata	샐러드
Melanzana	가지
Patata	감자
Pisello	완두콩
Pomodoro	토마토
Prezzemolo	파슬리
Rapa	순무
Ravanello	무
Scalogno	샬롯
Sedano	셀러리
Spinaci	시금치
Zenzero	생강
Zucca	호박

Vestiti
의류

Abito	드레스
Braccialetto	팔찌
Camicetta	블라우스
Camicia	셔츠
Cappello	모자
Cappotto	코트
Cintura	벨트
Collana	목걸이
Giacca	재킷
Gonna	치마
Grembiule	앞치마
Guanti	장갑
Jeans	청바지
Maglione	스웨터
Moda	패션
Pantaloni	바지
Pigiama	잠옷
Sandali	샌들
Scarpa	구두
Sciarpa	스카프

Congratulazioni

Ce l'hai fatta!

Speriamo che questo libro vi sia piaciuto tanto quanto a noi è piaciuto concepirlo. Ci sforziamo di creare libri della più alta qualità possibile.
Questa edizione è progettata per fornire un apprendimento intelligente, di qualità e divertente!

Le è piaciuto questo libro?

Una Semplice Richiesta

Questi libri esistono grazie alle recensioni che pubblicate.

Puoi aiutarci lasciando una recensione
ora a questo link ?

BestBooksActivity.com/Recensioni50

SFIDA FINALE!

Sfida n°1

Sei pronto per il tuo gioco gratuito? Li usiamo sempre, ma non sono così facili da trovare - ecco i **Sinonimi!**
Scrivi 5 parole che hai trovato nei puzzle (n° 21, n° 36, n° 76) e prova a trovare 2 sinonimi per ogni parola.

Scrivi 5 parole del **Puzzle 21**

Parole	Sinonimo 1	Sinonimo 2

Scrivi 5 parole del **Puzzle 36**

Parole	Sinonimo 1	Sinonimo 2

Scrivi 5 parole del **Puzzle 76**

Parole	Sinonimo 1	Sinonimo 2

Sfida n°2

Ora che ti sei riscaldato, scrivi 5 parole che hai trovato nei puzzle n° 9, n° 17 e n° 25 e cerca di trovare 2 contrari per ogni parola. Quanti ne puoi trovare in 20 minuti?

Scrivi 5 parole del **Puzzle 9**

Parole	Antonimo 1	Antonimo 2

Scrivi 5 parole del **Puzzle 17**

Parole	Antonimo 1	Antonimo 2

Scrivi 5 parole del **Puzzle 25**

Parole	Antonimo 1	Antonimo 2

Sfida n°3

Grande! Questa sfida non è niente per te!

Pronto per la sfida finale? Scegli 10 parole che hai scoperto nei diversi puzzle e scrivile qui sotto.

1.	6.
2.	7.
3.	8.
4.	9.
5.	10.

Ora scrivi un testo pensando a una persona, un animale o un luogo che ti piace.

Puoi usare l'ultima pagina di questo libro come bozza.

La tua composizione:

TACCUINO:

A PRESTO!

Tutta la Squadra

SCOPRIRE GIOCHI GRATIS

GO

↓

BESTACTIVITYBOOKS.COM/FREEGAMES